Cahiers libres

Romaric Godin

La guerre sociale en France

Aux sources économiques de la démocratie autoritaire

La Découverte

Composé par Facompo à Lisieux
Création graphique de la couverture : Valérie Gautier
Dépôt légal : septembre 2019

ISBN 978-2-348-04579-0

« Le suffrage universel ne possédait pas la vertu magique que des républicains d'ancienne marque lui avaient attribuée. Pour eux, toute la France, au moins la majorité des Français, étaient des citoyens ayant les mêmes intérêts, le même jugement, etc. C'était, chez eux, une conséquence de leur culte du peuple. Les élections mirent en lumière, au lieu de leur peuple imaginaire, le peuple réel ; elles désignèrent des représentants des classes dont il se compose. »

Karl MARX, *La Lutte de classes en France*, 1850

« Le bourgeois, et surtout le bourgeois vaniteux qui se croit homme d'État, complète sa vulgarité pratique par une transcendance théorique. »

Karl MARX, *Le 18 Brumaire de Louis Bonaparte*, 1852

« Le spectacle marchand colonise les possibles en délimitant policièrement l'horizon théorique et pratique de l'époque. »

Jean GARNAULT,
« Structures élémentaires de la réification », 1966

« Les dogmes séculaires embrassant l'ensemble du monde civilisé ne sont pas délogés par les événements d'une décennie. »

Karl POLANYI, *La Grande Transformation*, 1944

Introduction

Lundi 4 février 2019, 11 heures, la conférence de rédaction de Mediapart se termine dans ses locaux du douzième arrondissement de Paris. Comme chaque lendemain de week-end depuis la mi-novembre 2018, il est question du mouvement des Gilets jaunes, cette révolte inédite partie d'une taxe de consommation sur les carburants et devenue une forme d'opposition récurrente et plus générale à la politique du gouvernement Macron-Philippe. On y évoque les manifestations, les ronds-points, les violences policières de plus en plus marquées lors de ces samedis de contestation, mais aussi l'incapacité du pouvoir à stopper la colère et sa volonté de restreindre le droit de manifester. Peu après 11 heures, deux représentants du parquet et trois policiers, dont un de la brigade criminelle, se présentent au journal et demandent à perquisitionner dans le cadre d'une « enquête préliminaire » concernant la publication d'enregistrements sur l'affaire Benalla. Le 31 janvier, Mediapart avait publié des enregistrements prouvant qu'Alexandre Benalla, ancien favori du président de la République, et son acolyte Vincent Crase, tous deux aperçus le 1er mai

2018 faisant le coup de poing contre des manifestants, avaient violé leur contrôle judiciaire le 26 juillet 2018. On y entendait aussi un Alexandre Benalla rayonnant, se vantant du soutien sans faille du chef de l'État, lecture de SMS à l'appui. Policiers et procureurs venaient évidemment chercher des éléments permettant d'identifier les sources de cet enregistrement, autrement dit s'attaquer au secret des sources, le principe fondamental de tout journalisme. Le refus des responsables de la rédaction les en empêcha. Mais la procédure sur laquelle ils se sont appuyés reste un mystère.

Cet épisode est l'illustration d'une dérive de la démocratie française entamée en 2015, et qui s'est aggravée depuis l'arrivée au pouvoir, en mai 2017, d'Emmanuel Macron. Il s'inscrit dans un contexte plus vaste, fait d'exacerbation des violences policières, de personnalisation à l'extrême du pouvoir, de restrictions de plusieurs formes de liberté et de pression à l'encontre de journalistes[1]. Qu'on ne s'y méprenne pas : il ne s'agit pas de caricaturer le système politique français en « dictature » ni de le confondre avec des régimes autoritaires. La France reste une démocratie, les personnes y votent librement et les opinions s'y expriment. C'est aussi un État de droit où la justice s'exerce, quoique avec une diligence qui n'est pas la même pour tous. Néanmoins cette démocratie tend progressivement à prendre une tournure singulière, où le pouvoir affirme son autorité avec de moins en moins de retenue et où l'opposition, politique, civile et sociale, est davantage méprisée qu'écoutée.

C'est une démocratie où, pour mater un mouvement social, on peut laisser une immense latitude et, pour tout

1 Un collectif de sociétés de journalistes et de rédacteurs de plusieurs médias a signé une tribune le 22 mai 2019 pour marquer leur solidarité avec les journalistes convoqués et en défense du droit à l'information et à la protection du secret des sources.

dire, presque la plus grande liberté à des forces de l'ordre équipées d'armes capables de crever des yeux, de mutiler des membres et de causer des blessures graves. C'est une démocratie où celui qui a gagné l'élection présidentielle, quelles que soient les conditions de cette victoire, peut ignorer, sans réel contre-pouvoir, non pas la minorité, mais l'immense majorité d'une population qui rejette le cœur de sa politique. C'est une démocratie où le pouvoir a des « ennemis » et prend les mesures pour les vaincre. Enfin, c'est une démocratie autoritaire. Non pas autoritariste, non pas dictatoriale, mais une démocratie sans mesure, sans nuance, sans écoute, limitée à l'exercice d'un vote dont le sens se perd progressivement et dont l'usage se réduit souvent à un « moindre mal » ou à un acte défensif.

La Ve République a toujours été marquée par des tentations autoritaires et personnelles, mais il existait des contre-pouvoirs informels : une base électorale diverse des partis politiques, des mouvements sociaux, des majorités divisées. Aujourd'hui, ce n'est plus le cas. C'est une des origines de cette évolution autoritaire que l'on tentera ici d'expliquer, en explorant les conditions économiques du phénomène. Car le cœur du programme du président élu en mai 2017, ce sont les « réformes structurelles », promues depuis des décennies par les élites économiques et politiques. Le cœur de son programme est économique, et le durcissement de la démocratie française s'explique essentiellement par l'application de ce programme économique. Ce qu'il annonce, c'est une radicalisation de la « guerre sociale » menée en France depuis les années 1970. Cette expression de « guerre sociale » mérite cependant d'être expliquée, elle aussi.

L'économie capitaliste est dominée par le rapport social entre capital et travail. Le premier apporte au second les moyens de produire de la marchandise nécessaire à la création de profit. Dans ce rapport, le capital cherche en permanence sa meilleure valorisation, ce qui passe obligatoirement par la réduction de la part redistribuée au travail, lequel en retour cherche bien sûr à défendre ses intérêts. Dans ce combat sans fin, l'État français a longtemps joué, notamment au XIXe siècle, un rôle de protection en faveur du capital. Toutefois, la soumission du travail aux intérêts du capital conduit à des excès qui déclenchent des crises : crise de surproduction, crise du surendettement, crise sociale. Dans les années 1930 et 1940 heurtées par la Grande Crise, l'État a donc décidé d'encadrer cette compétition entre capital et travail, en donnant des droits au travail pour rééquilibrer la lutte, en organisant des systèmes de redistribution des profits en faveur des citoyens et en cessant de défendre le seul intérêt d'une des deux parties. Ce rééquilibrage a été inspiré par un cadre de pensée qui est un mélange de réformisme social-démocrate, de keynésianisme et de fordisme. Mais, dans les années 1970, la baisse marquée du taux de profit a conduit ce système à l'essoufflement. C'est à ce moment que s'impose un nouveau cadre de pensée : celui du néolibéralisme.

Ce paradigme défend l'idée que l'État doit, dans l'intérêt général, se placer du côté du capital pour favoriser la création de richesses à partager par une marchandisation élargie de la société. Il répond à la dynamique d'alors du capitalisme, où émerge le besoin d'une accélération de l'accumulation de capital. Cette idée emporte un fort écho parmi les élites françaises, qui y trouvent des rémanences de positions historiquement très ancrées. En revanche, la masse de la population française reste fort hostile à cette conception, pour des raisons d'ailleurs méprisées par les élites, qui n'y voient là que paresse, rigidité et mauvaise volonté. Là aussi, le poids de l'histoire y joue sans doute un rôle non négligeable. Dans *Le 18 Brumaire de Louis Bonaparte*, Karl Marx rappelle que « les hommes font leur propre histoire ». Mais, ajoute-t-il, « ils ne la font pas au gré de leur initiative ni dans les circonstances librement choisies par eux ; ils sont manœuvrés par les circonstances du moment telles que les ont créées les événements et la tradition. La tradition de toutes les générations passées pèse comme un cauchemar sur le cerveau des vivants. » Ce cauchemar est, pour les uns, la domination du capital par l'État du XIXe siècle français ; pour les autres, le modèle redistributif de l'après-guerre. Et les circonstances du moment, c'est l'épuisement du paradigme « fordiste-keynésien » et l'émergence d'un paradigme néolibéral soutenant les uns au détriment des seconds.

Cette dynamique d'avancée du néolibéralisme et de résistance du corps social constitue la « guerre sociale ». Elle ne se présente pas comme une guerre civile ouverte mais comme une guerre sourde, intellectuelle, politique et sociale, qui chaque jour se joue dans les entreprises, dans les discussions politiques et dans les choix qui en découlent. Parfois, cette guerre éclate au grand jour sous la forme d'affrontements violents, notamment dans les rues. Mais son acuité dépend de la progression du projet néolibéral, donc de l'offensive du capital contre le travail. Cette guerre peut prendre des formes aussi diverses et complexes que l'imbrication du capital et du travail au sein des couches sociales, et même parfois des individus. Mais, lorsque les intérêts du capital dominent dans les politiques publiques, ceux qui en subissent le plus fortement les conséquences sont portés à rejeter ce type de politique[2].

En France, ce rejet majoritaire a conduit à tracer une voie originale dans le néolibéralisme.

---

2 Pour une analyse plus complète de ce phénomène, on peut se référer à l'ouvrage d'Erik Olin WRIGHT, *Understanding Classes*, Verso, Londres, 2015, qui analyse la persistance de l'idée de classe sociale au travers de l'interaction entre capital et travail.

Malgré son caractère structurellement personnel et autoritaire, le régime de la Ve République a permis, jusque dans les années 2010, de s'adapter à cette lutte pour conserver un équilibre, toujours précaire mais réel, et de préserver autant que possible la paix sociale. Ainsi, la France a pris sa place dans ce nouveau paradigme dominant, en préservant plus que d'autres pays les intérêts du travail et en limitant autant que possible l'adhésion de l'État à ceux du capital. Cela ne veut pas dire que le néolibéralisme n'était pas appliqué en France, loin de là ; simplement, il fallait à chaque « réforme » donner des gages au travail.

Avec l'arrivée d'Emmanuel Macron au pouvoir, c'est l'idée même de cet équilibre qui est remise en cause. L'ancien ministre de l'Économie de François Hollande a précisément fait campagne sur la fin de cette voie originale, sur une radicalisation du projet néolibéral en France. Car le modèle mixte (maintien d'un équilibre entre capital et travail) mis en place dans les années 1980, s'il n'est pas l'« horreur inefficace » que décrivent ses adversaires, ne peut satisfaire personne entièrement. D'un côté, il introduit un biais en faveur du capital qui déplaît au monde du travail ; de l'autre, il ne met pas fin aux contre-pouvoirs du travail qui ne cessent d'irriter le capital. La construction d'une « voie française » dans le néolibéralisme n'a pas enrayé la guerre sociale ; elle l'a exacerbée. L'actuel président de la République est le produit de cette exacerbation, le fruit de la radicalisation du camp du capital. Car, avec la crise de 2007 et 2008, le néolibéralisme est aux abois.

Depuis lors, pour les néolibéraux, le compromis n'est plus possible : il faut se débarrasser des résistances sociales pour placer l'État dans le seul camp du capital. Cette radicalisation conduit à une explosion du système politique et à la constitution d'un « bloc néolibéral » mené par Emmanuel Macron. Cette analyse s'inspire de la théorie du « bloc bourgeois » de Bruno Amable et Stefano Palombarini[3]. Mais, si le bloc néolibéral peut correspondre au « bloc bourgeois », en ce qu'il défend une identité d'intérêt entre l'État et le capital, le bloc antibourgeois, au contraire, est profondément divisé entre une vision de gauche considérablement fractionnée et une vision conservatrice et nationaliste, également divisée, mais beaucoup plus réunie autour du Rassemblement national (RN). Au point que ce dernier est devenu le principal adversaire, et l'adversaire privilégié, du bloc néolibéral lors des élections. En quelques années, la France s'est donc dirigée dans une première impasse politique.

Deuxième impasse : la politique économique et sociale en cours, visant à faire abandonner à l'État sa neutralité dans la lutte entre capital et travail en faveur du travail. Elle fait resurgir au grand jour, souvent dans la rue, quatre décennies de violences quotidiennes, d'humiliations répétées et d'incompréhensions entre les élites néolibérales et la population. Lorsque l'équilibre des rapports entre capital et travail est attaqué, au détriment de ce dernier, la grande majorité rejette cette politique. Simplement, la traduction politique de ce rejet est impossible à formuler. Depuis des décennies, l'effet du néolibéralisme sur le monde du travail a dissout les solidarités en son sein. L'individualisation de la relation au travail a conduit à définir d'autres priorités, et la défense d'un modèle français hybride, qui offre une forme de moindre mal dans le paradigme néolibéral, ne suffit pas à former une opposition cohérente.

La Ve République ne joue plus un rôle modérateur mais au contraire un rôle d'exacerbation du conflit et de

3 Bruno AMABLE et Stefano PALOMBARINI, *L'Illusion du bloc bourgeois*, Raisons d'Agir, Paris, 2018 [première édition : 2017].

l'impasse. Son caractère personnel, l'absence de contre-pouvoirs formels réels et le système électoral majoritaire permettent au bloc néolibéral de gouverner. Toutefois, s'il gouverne, il ne règne pas, puisqu'il doit faire face à une majorité hostile. La nature même du bloc néolibéral ne transigeant pas avec les résistances, la guerre sociale ne peut que s'amplifier, et la réaction n'être que celle d'un durcissement du régime. De là, l'émergence d'une démocratie autoritaire qui ignore le rejet massif et garantit le pouvoir du bloc néolibéral et la poursuite des réformes en faveur du capital.

Cet abus constant d'autorité a beau prendre les formes les plus chatoyantes, de la modernité, des start-up, de la « révolution », elle n'en est pas moins le symptôme d'une violence permanente faite à un corps social français profondément hostile au néolibéralisme. C'est pourquoi la première partie de l'ouvrage s'emploiera à préciser ce qu'est le néolibéralisme, pour saisir en quoi il est un danger mortel pour le modèle français, qui a conservé un État social et redistributeur fort. Et en quoi Emmanuel Macron est le représentant autoritaire de son assaut final.

1

L'ordre néolibéral ou la revanche du capital

La politique d'Emmanuel Macron se définit comme une « révolution » – titre de son livre-programme de 2016. Mais cette révolution est en réalité une révolution néolibérale qui viendrait renverser l'équilibre social et économique issu de l'après-guerre. Il s'agit de soumettre entièrement le pays à cet ordre économique, intellectuel et culturel, qui s'est imposé au monde depuis les années 1970 et dont la France s'est gardée, n'y entrant qu'avec prudence et précaution. Avant de décrire ce phénomène, il est indispensable de préciser ce qu'on entend par « néolibéralisme », car ce concept est délicat à manier[1], et ici essentiel. Ne pas bien le saisir, c'est risquer de plonger dans une confusion où se mêlent des concepts opposés (une aubaine pour ses partisans). C'est pourquoi on s'attachera à en dessiner les contours les plus précis possible. Le lecteur pardonnera ce détour théorique parfois aride mais nécessaire pour comprendre

1 Une bonne synthèse critique sur le sujet se trouve dans l'ouvrage de Damien CAHILL et Martijn KONINGS, *Neoliberalism*, Polity, Cambridge (UK), 2017. On peut la compléter avec les premières pages de Quinn SLOBODIAN, *Globalists. The End of Empire and the Birth of Neoliberalism*, Harvard, Cambridge (USA), 2018.

la véritable nature du macronisme, qui a souvent dérouté les observateurs de la vie politique française.

Communément, le terme de « néolibéralisme » est compris comme une doctrine qui défend le retrait de l'État au profit de marchés dérégulés. Cette vision n'est pas fausse mais elle est incomplète. Depuis les années 1930, le modèle dominant – que l'on pourrait nommer « fordiste-keynésien », fondé sur la redistribution des profits, sur un encadrement par des institutions de la lutte entre capital et travail, sur une politique sociale active et sur l'intervention directe et forte (par des monopoles notamment) de l'État dans l'économie – a progressivement reculé. Si bien que, dans les années 1970, on pouvait observer que le capitalisme mondial avait même radicalement changé de forme. Un autre modèle avait pris sa place, soutenant les privatisations, la dérégulation des marchés, le renforcement de la concurrence, plus de liberté à la circulation du capital et une baisse générale des impôts pour les plus fortunés et les entreprises. C'est ce mouvement que décrirait le terme « néolibéral ».

Toutefois, si cette description est juste, elle ne rend pas compte de la spécificité du néolibéralisme. S'y limiter revient à voir dans le préfixe « néo » un simple retour au « laisser-faire » du XIXe siècle. Or cette description traduit souvent une confusion entre « néolibéralisme » et « ultralibéralisme », voire « libéralisme », alors qu'il existe une nette divergence entre ces doctrines, aux conséquences politiques considérables. N'y prendre pas garde, à cause de leurs similitudes et de certains objectifs communs, c'est offrir aux néolibéraux l'opportunité de marquer leur différence avec un libéralisme « sauvage ». C'est les placer dans un rôle qu'ils affectionnent : celui des défenseurs d'une vision « sociale » et « progressiste » de l'économie, des partisans de la régulation et d'un rôle économique d'encadrement accordé à l'État. Emmanuel Macron est un de ceux qui savent le mieux jouer de cette confusion dans ses discours. Lors de ses vœux aux Français pour 2019, il n'a pas hésité à fustiger les excès et les errances du « capitalisme financier », semant le trouble. De même, la confusion entretenue entre ultralibéralisme et néolibéralisme permet aux néolibéraux de se placer dans une vision « neutre » ou « pragmatique » de l'économie, tandis que leurs adversaires ultralibéraux, de droite comme de gauche, défendraient des visions partisanes et idéologiques. Elle permet de faire croire que le néolibéralisme en tant qu'idéologie n'existe pas. Que seules existent les « lois de l'économie » auxquelles il faudrait se soumettre. Dès lors, il n'y a plus de discussion possible.

La position que défend cet ouvrage est que le néolibéralisme existe bien, qu'il a une spécificité, et que ces « lois de l'économie » sont le produit de sa vision du monde et non d'une quelconque transcendance. Entretenir la confusion avec un libéralisme classique est plus qu'une imprécision lexicale, c'est maintenir un brouillard qui mène tout droit à un piège.

Qu'est-ce que le néolibéralisme ?

Disons-le d'emblée : le néolibéralisme n'est pas une doctrine économique *stricto sensu*, ni seulement le courant de pensée inauguré par le colloque Lippmann[2], à Paris, en 1938, puis qui s'est développé au sein de la société du Mont-Pèlerin et dans les ouvrages de Friedrich von Hayek, Ludwig von Mises ou Walter Eucken. Non, le néolibéralisme est un paradigme, un ensemble de politiques mises en œuvre un peu partout dans le monde depuis les

---

2 En 1936, un colloque au sujet d'un livre du journaliste états-unien Walter Lippmann à Paris a lancé une rénovation du libéralisme qui a conduit, en 1947, à la constitution d'une société d'économistes et de philosophes sur le mont Pèlerin, un sommet qui domine Lausanne.

années 1970, soutenu par un cadre idéologique puissant. Certes, la doctrine des économistes cités est centrale dans ce paradigme, c'est même son socle et son point de départ, mais le néolibéralisme n'est pas l'application directe de la pensée d'un Hayek ou d'un Mises ; c'est un ensemble de pratiques visant à redonner la priorité au capital, et qui s'insère, avec plus ou moins d'intensité, dans les cultures diverses des économies de la planète. Ainsi il peut différer largement des textes fondateurs, tout en conservant certains traits particuliers comme le besoin de l'État réduit au rôle d'organisateur des marchés, la croyance dans la justice des mécanismes de marché, la méfiance dans la notion de justice sociale et la priorité donnée au capital sur le travail. Pour résumer, le néolibéralisme est surtout le « mode d'existence du capitalisme contemporain[3] ». Il correspond à la façon dont le capitalisme a réagi, dans les années 1970, au risque inflationniste et à la baisse de la part du capital dans le partage de la valeur ajoutée.

Le « centrisme » néolibéral

La spécificité principale du mouvement néolibéral réside dans son acte de naissance. Dans la seconde moitié des années 1930, plusieurs libéraux, dont les Autrichiens Friedrich von Hayek et Ludwig von Mises, craignent que la crise de 1929 ne favorise le développement d'une économie dirigiste, voire socialiste. Or, selon eux, ce mode de gestion de l'économie est inefficace, et donc injuste : seuls des marchés concurrentiels permettent de donner la vraie valeur de ce qui est produit. Parallèlement, ils ont conscience que la crise de 1929 a scellé l'échec d'un certain libéralisme naïf,

3 Aliso J. Ayers et Alfredo Saad-Filho, « Democracy against neoliberalism : paradoxes, limitations, transcendence », *Critical Sociology*, vol. 41, n° 4-5, 1er juillet 2015, p. 603.

croyant dans un équilibre spontané des marchés. Or ces derniers ont été à l'origine de forts déséquilibres et se sont avérés formidablement inefficients, incapables de donner les prix véritables de l'activité économique. Le résultat en a été la crise boursière d'octobre 1929 et ses conséquences économiques, sur lesquelles l'ensemble de l'activité mondiale a dû s'ajuster. Les néolibéraux renvoient alors dos à dos libéraux classiques et socialistes au nom d'un constat d'incertitude sur les activités économiques. Ces activités sont si complexes qu'il n'est pas possible pour les acteurs du marché de parvenir à trouver naturellement un prix juste entre l'offre et la demande, comme le prétendent les libéraux traditionnels ; et il n'est pas davantage possible, en raison de cette complexité, de planifier rationnellement l'intégralité de l'économie. Les néolibéraux aboutissent à l'idée que les marchés sont, avant tout, des institutions humaines qui ne sont pas intrinsèquement efficientes, mais simplement plus efficientes que la planification socialiste. C'est là un des éléments centraux de cette pensée[4].

Dans la vision néolibérale, les marchés seraient donc, pour paraphraser Winston Churchill, la pire institution à l'exception de toutes les autres. On ne peut se fier qu'à eux, mais leur efficacité n'est pas « naturelle » ; elle doit être garantie ou plutôt conditionnée par un « cadre » défini par la puissance publique, à l'instar de toutes les institutions humaines. D'où l'importance accordée aux « règles » et à l'État, comme forces régulatrices des marchés. Il faut

---

4 Comme le font remarquer Damien CAHILL et Martijn KONINGS (*op. cit.*, p. 16) et Quinn SLOBODIAN (*op. cit.*, p. 5), le point de départ de la vision néolibérale est celui que défend également Karl POLANYI dans *La Grande Transformation* (Farrar & Rinehart, New York, 1944) : les marchés sont des institutions humaines. Mais là où Polanyi y voit un motif de critique de la marchandisation de la société, les néolibéraux y voient au contraire un motif d'élargissement du champ du marché dans la société.

préciser ce qu'on entend par État. Ce n'est pas une puissance politique, parce que le politique, particulièrement celui des régimes démocratiques, est souvent dépendant de la volonté des populations, elle-même régie par des préoccupations de court terme trop favorables au travail. Non, l'État est plutôt conçu comme un cadre stable, « indépendant » des passions politiques et des acteurs économiques, représentant l'intérêt général, donc s'assurant du bon fonctionnement des marchés et, partant, de la liberté accordée aux capitaux.

L'État est central dans la pensée néolibérale. Mais ce n'est pas un État keynésien, acteur de l'économie et capable d'agir sur l'équilibre entre capital et travail, par de la redistribution, des entraves à la liberté de circulation des capitaux ou des actions directes sur la demande globale de l'économie. Tout ceci n'est pas acceptable pour les néolibéraux, parce qu'alors les marchés fonctionnent mal et ne sont plus capables de dire la « vérité ». Si l'État est là, c'est pour garantir un ordre capable d'assurer la « protection complète des droits du capital privé[5] », gage de bon fonctionnement du marché.

À la différence des libéraux classiques qui vouent toute intervention de l'État aux gémonies, les néolibéraux assument leur besoin d'État actif dans l'économie, capable de contraindre ceux qui freinent l'équilibre de marché : les capitalistes de rente d'un côté ; les travailleurs qui n'acceptent pas l'ajustement aux prix du marché de l'autre. Ce paradoxe n'est qu'apparent : le marché reste l'institution la plus désirable et la plus efficace, car il assure une répartition juste et cohérente des ressources, mais, *en même temps*, la condition de cette efficacité est un ordre garanti logiquement par celui qui doit assurer la réalisation de l'intérêt général, l'État. Sans État, on n'a que le chaos ; avec un État

5 Quinn Slobodian, *op. cit.*, p. 12.

qui se mêle aux marchés, on a le chaos produit par les mauvaises allocations des ressources. Le néolibéralisme se présente comme un *centrisme*, ce qui joue politiquement et sociologiquement un rôle majeur mais qui ne dit rien, en revanche, quant à la violence des politiques qu'il défend.

Car ce centrisme suppose un changement radical de société où désormais le marché devient le centre des rapports humains. Dans la vision néolibérale, toute la société doit être marchandisée, parce que, précisément, le marché est la plus juste des institutions humaines. Dès lors, le champ du marché n'est pas seulement celui de l'économie mais aussi celui de la culture. Ce centrisme est, profondément, un radicalisme.

La théorie de la valeur

Cette extension du domaine du marché est essentielle pour les néolibéraux. Ils partagent avec les autres libéraux (ce qui les rapproche) un point de départ commun : la certitude que le marché, en tant que seule source de la valeur, dit la « vérité » et la « justice ». Certes, la vision néolibérale a une conception moins « métaphysique » de cette vérité que les libéraux, qui voient dans les équilibres de marché une forme de transcendance et de loi naturelle. Ici, le marché est un outil, humain et matériel, donc imparfait, mais le seul capable de dire ce qui est juste et bon pour les hommes. Pourquoi ? Parce que seul le marché permet la confrontation « neutre » des intérêts en fixant un équilibre, par le prix, entre les désirs de tous à un moment donné. Tout autre moyen de fixer la valeur des biens et des services serait déséquilibré en faveur d'un groupe d'intérêt, et, en cela, il serait injuste et nuisible à l'intérêt général. C'est la critique centrale des pères du néolibéralisme au socialisme et aux politiques interventionnistes, et c'est pour cette raison qu'ils défendent une société réglée par des marchés.

Le néolibéralisme reprend là une conception exprimée bien avant sa propre émergence. Il n'est pas question d'entrer dans le détail de cette question[6], mais si le prix du marché donne la vraie valeur, c'est parce qu'il établit ce qu'en économie on appelle un « optimum de Pareto », du nom d'un économiste italien, Vilfredo Pareto, qui en a inventé le concept : un équilibre dans lequel chacun est le moins lésé possible. Personne alors ne peut prétendre avoir perdu face à un autre devant un tel équilibre.

Comment est déterminée cette valeur ? Il faut faire appel à la théorie « marginaliste » du Britannique Alfred Marshall qui, en 1890, a établi que la valeur des biens et services dépendait de l'utilité présente pour le consommateur. Il n'existe, selon l'économiste, aucune autre notion qui permet de déterminer la valeur. La concurrence peut répondre à cette utilité, et, lorsqu'elle est parfaite, les producteurs vont naturellement chercher soit à créer de nouveaux produits utiles, soit à se porter sur des produits rares, plus chers. Lorsqu'un nouvel équilibre est trouvé, le phénomène se poursuit. Cette conception de la valeur permet ainsi de justifier un mouvement perpétuel de l'économie fait de multiples optimums. La vérité est certes changeante, mais elle ne réside cependant pas tant dans le prix produit par le marché que dans le fonctionnement du marché.

C'est là toute la clé du néolibéralisme : ce qui est à protéger, c'est ce mouvement qui par essence est juste. C'est pour cela que l'État doit s'assurer que la compétition entre producteurs et la confrontation entre les producteurs et les consommateurs soient les plus parfaites possible. Toute

6 Pour aller plus loin, on peut lire avec profit : Mariana Mazzucato, *The Value of Everything*, Allen Lane, Londres, 2018, en particulier les pages 62-76 dont on s'inspire ici.

déviation entraîne obligatoirement une erreur et une injustice. Il s'agit donc bien d'une tâche d'intérêt général. Cette vision centrale a construit le néolibéralisme, et aujourd'hui le macronisme. Dans *Révolution*, Emmanuel Macron décrit cette théorie de la valeur sous une forme angélique : « La force et la puissance du modèle qui émerge résident dans l'alliance que des entreprises sont capables de sceller avec des millions d'utilisateurs. Il en résulte une économie formidablement déconcentrée, plus horizontale, dans laquelle le consommateur est d'abord créateur de valeur[7]. »

Le consommateur « d'abord créateur de valeur » est la pierre angulaire de la vision néolibérale du monde : le consommateur, isolé de son rôle de producteur (c'est le sens de « d'abord »), crée de la valeur en donnant le juste prix à ce qu'il achète. Ce consommateur est, en tant qu'acteur du marché parfaitement concurrentiel, le constructeur d'un équilibre dans lequel personne ne peut se plaindre car chacun reçoit sa juste valeur. Il est le bras armé de la vérité. C'est ce qu'Emmanuel Macron décrit comme une « alliance entre des entreprises et des utilisateurs ». Et le rôle du politique est de s'assurer qu'il le soit.

Ce détour technique est nécessaire pour comprendre le contenu des politiques néolibérales, mais aussi leurs motivations et leurs conséquences. Le néolibéralisme construit des structures institutionnelles capables de porter les marchés, c'est-à-dire, de son point de vue, la justice, dans toute la société. Mais, pour les construire, il lui manquait encore deux piliers essentiels : un contexte économique et scientifique favorable. Le néolibéralisme pratique, celui qui sera appliqué politiquement, est issu de la transformation de la pensée néolibérale par ce contexte.

7 Emmanuel MACRON, *Révolution*, XO Éditions, Paris, 2016, p. 89.

Le consensus scientifique

Si le néolibéralisme est devenu le mode de fonctionnement dominant du capitalisme, c'est qu'il a su répondre, à un moment donné, à une crise du capitalisme qui a aussi été une crise de la théorie économique. Là où le keynésianisme modifié par la social-démocratie avait apporté des solutions théoriques (le besoin de soutenir la demande) et pratiques (les nationalisations, la régulation ou la protection sociale) à la crise du libéralisme néoclassique[8] des années 1930, le néolibéralisme a agi de même dans les années 1970 à l'égard du capitalisme keynésien. Dans ces années-là, l'accumulation du capital se réduit sous le coup des luttes des salariés et du plein-emploi. Le camp du capital est d'autant plus paniqué que la critique du capitalisme lui-même est alors populaire parmi les salariés, et qu'il existe encore à l'Est un système se présentant comme une alternative. Le capital semble être sur le point de perdre la bataille culturelle[9].

Lorsque surgissent les désordres monétaires, à la fin du système de Bretton Woods (1971-1973), et les crises pétrolières de 1973 et 1979, le capitalisme entre dans une phase de turbulences que les néolibéraux vont mettre à profit en créant un nouveau consensus au sein de la science économique. Leur objectif : redonner la main au capital et donner aux États la légitimité pour combattre les prétentions du monde du travail. Car alors, pour les capitalistes, le néolibéralisme offre la seule issue possible. Comme le montre Grégoire Chamayou[10], c'est au niveau des firmes aux États-Unis, dans la gestion des salariés, que le mouvement a pris

---

8 L'école néoclassique en économie a été fondée par le Français Léon Walras et défend l'idée que le marché est capable de définir un équilibre général optimal en situation de concurrence pure et parfaite.

9 Ce sentiment est bien décrit par Grégoire Chamayou, *La Société ingouvernable*, La Fabrique, Paris, 2018, p. 81-94.

10 *Ibid.*, p. 106-115.

pied, en cherchant un moyen d'obtenir l'obéissance et l'abandon des revendications salariales. Puis il s'est progressivement étendu à la sphère politique. Ce transfert n'a été possible que par l'évolution de la science économique.

Jusque dans les années 1970, le consensus des économistes était en phase avec le paradigme fordiste-keynésien dominant. Mais, à mesure que ce paradigme s'épuise et se montre incapable de répondre aux difficultés du capitalisme de l'époque, les économistes s'en éloignent et cherchent d'autres voies. Il se produit alors une forme de révolution scientifique, telle que l'a décrite Thomas Kuhn[11] : un autre paradigme s'impose à la fois parce qu'il est disponible et parce qu'il répond aux besoins du système capitaliste. Et ce paradigme, différent sur ses fondements scientifiques du néolibéralisme théorique, devient finalement le fondement « rationnel » de l'ordre néolibéral actuel.

Après 1929, l'école néoclassique, qui fonde le libéralisme à partir de la fin du XIXe siècle, évolue. Le choc de la crise a disqualifié son idée d'équilibre naturel des marchés. Mais elle va progressivement s'adapter au nouveau contexte en proposant des réponses à la critique keynésienne. En 1954, deux économistes, l'États-Unien Kenneth Arrow et le Français Gérard Debreu, établissent un modèle mathématique d'équilibre général d'un marché concurrentiel. Cette mise en équation donne rapidement une crédibilité de « science dure », ainsi qu'un avantage pratique certain, au modèle néoclassique qui gagne du terrain. Au début des années 1970, une nouvelle percée est réalisée par les adversaires des keynésiens. En 1972, Robert Lucas lance la « théorie des anticipations rationnelles ». Selon celle-ci, les agents économiques, lorsqu'ils sont parfaitement informés et dans un contexte qui ne les perturbe pas, prennent des décisions pleinement

11 Thomas KUHN, *La Structure des révolutions scientifiques*, Flammarion, Paris, 2008.

rationnelles qui conduisent à l'équilibre des marchés. Cette théorie vient renforcer la vision monétariste portée par Milton Friedman, qui estime que tout soutien monétaire ou budgétaire à la demande conduit à des déviations causant de l'inflation et des crises. À ce même instant, Eugene Fama assure que les marchés financiers sont efficients.

Les fondements du changement de paradigme sont posés. La nouvelle pensée néoclassique est capable de comprendre les déviations de l'équilibre en intégrant des éléments de la pensée de Keynes pour la retourner contre elle. Ainsi, les crises surviennent parce que l'État soutient trop la demande par des mécanismes de redistribution, ou parce qu'il crée des « rigidités », comme la protection de l'emploi, le salaire minimum ou les négociations collectives. Pour les régler, il faut libérer les marchés et laisser les anticipations rationnelles s'installer. C'est la nouvelle tâche de l'État : défaire les entraves pour réduire les déviations de l'équilibre. Cette nouvelle tâche emprunte une expression clé du néolibéralisme, la « réforme structurelle ». Grâce aux modèles mathématiques, plus savants et plus complexes, toujours fondés sur l'équilibre général, les économistes et les financiers se pensent désormais parfaitement capables d'évaluer les impacts de ces réformes et de leur donner un contenu scientifique précis.

Ce nouveau paradigme n'est pas un simple retour du néoclassicisme. Les mutations de ce dernier lui apportent en effet une assise plus large. D'abord, l'école monétariste de Milton Friedman jette un pont vers la théorie néolibérale en défendant l'idée de « règles » encadrant la création monétaire pour limiter l'inflation. Cette école affirme en effet que, sans ces règles, la hausse des prix provoquée par le soutien à l'activité des autorités monétaires menace le bon fonctionnement des marchés en empêchant la monnaie d'être neutre dans la formation des prix. Dès lors, l'idée d'un encadrement « indépendant » de la politique monétaire permet en partie de réconcilier néoclassiques et néolibéraux, par ailleurs d'accord sur l'essentiel. Parallèlement, dès les années 1960 avec Paul Samuelson, et encore plus dans les années 1980 et 1990, la majeure partie des économistes néokeynésiens se rallient à ce paradigme, en y introduisant l'idée que l'État peut intervenir ponctuellement pour corriger des déviations. Néanmoins, comme ces déviations viennent justement des « rigidités » causées par les protections accordées par l'État au monde du travail, ces néokeynésiens sont des partisans décidés des réformes structurelles[12], seul moyen de réduire ces interventions-là.

Ce ralliement est un élément majeur. L'immense majorité des économistes se retrouve autour d'un seul modèle, celui de l'équilibre général. La fusion entre trois écoles *a priori* en désaccord de principe (néoclassiques, keynésiens et néolibéraux) devient possible autour d'un ensemble de politiques et d'objectifs communs. C'est cette fusion qui forge et renforce le néolibéralisme comme mode de gestion du capitalisme moderne, car désormais ces politiques de « réformes structurelles » ont un fondement scientifique basé sur un large consensus ; elles sont le reflet de « la » vérité scientifique.

Tout le monde peut être satisfait : les néolibéraux voient acceptée leur idée de règles nécessaires au fonctionnement du marché et garanties par la puissance publique ; les keynésiens se félicitent que l'on reconnaisse un rôle à l'État ; et les néoclassiques que l'on admette la centralité de l'équilibre du marché. Bref, pour reprendre les mots de trois économistes opposés à ce consensus : « Le néolibéralisme apparaît alors être seulement un autre nom de l'économie[13]. »

---

12 Pour un résumé plus complet de cette évolution des paradigmes scientifiques : Francesco SARACENO, *L'Économie à l'épreuve des faits*, Éditions Revue Banque, Paris, 2017, p. 57-99.

13 Suresh NAIDU, Dani RODRIK et Gabriel ZUCMAN, « Economics after neoliberalism », *Boston Review*, 15 février 2019.

Cette synthèse a des conséquences politiques immenses. Pour ce « centrisme » néolibéral, la nécessité de transformer la société par le marché n'est plus simplement une exigence d'efficacité et de justice, c'est aussi une croisade pour la vérité, une lutte contre l'obscurantisme, car il est convaincu de s'appuyer sur une vérité scientifique. Le caractère radical de ce centrisme puise là sa source. À présent, ceux qui s'opposent à cette marche du monde ne sont pas seulement des opposants politiques, mais des adversaires de la justice et de la vérité, des obscurantistes, des égoïstes ou des ignorants. Or ce sont ceux-là qui peuvent défendre une conception plus centrale du travail face au capital. Cette évolution de la pensée est un élément central qui va justifier toutes les dérives. Et donner un nouveau rôle à l'État.

La financiarisation de la société

Avant de décrire l'État néolibéral, il faut rappeler un des traits structurants du néolibéralisme aux conséquences déterminantes : la financiarisation de l'économie et de la société. Le rêve d'équilibre du marché n'est possible que s'il s'accompagne d'une liberté la plus complète possible de circulation des capitaux. Pour porter les capitaux, il faut une finance forte et omniprésente, capable de donner en permanence le prix du marché, donc la vérité. La finance de l'âge néolibéral n'est pas qu'un outil, c'est aussi et surtout le vecteur de la vérité.

Jusque dans les années 1960, le secteur financier n'est pas considéré comme créateur de richesse, mais comme une activité « improductive et stérile[14] ». Celle-ci est exclue des comptes nationaux, du PIB, c'est-à-dire de ce qui est considéré comme de la richesse créée. Du reste, depuis

14 Mariana Mazzucato, *op. cit.*, p. 105.

1929 et la crise bancaire de 1931, on s'en méfie. La finance est certes un élément indispensable au bon fonctionnement de l'économie, par la distribution de crédits, mais c'est aussi un élément d'instabilité. Les réglementations de ce secteur étaient donc très étroites. Comme aux États-Unis, où le fameux *Glass-Steagall Act* de 1933 interdisait de mélanger les activités de marché avec celles de dépôt. Il établissait une forme de protection des activités « utiles » de la finance pour l'activité économique avec le « casino » de la spéculation et des marchés financiers. Pour le bien de l'économie, la finance devait être encadrée.

Avec le nouveau contexte théorique néolibéral, tout change. En 1970, Eugene Fama proclame que les marchés financiers sont efficients, autrement dit capables, pour peu qu'on les laisse faire, de donner le prix juste des biens et des services. La finance devient donc créatrice de valeur[15] et est, à ce titre, intégrée dans le calcul du PIB au cours des années 1970. Les nouveaux modèles mathématiques permettent de justifier la création de nouveaux produits financiers, les dérivés, qui anticipent les prix futurs et rendent ainsi les marchés encore plus efficients, parce qu'on va effacer les incertitudes et les difficultés présentes. La finance devient bientôt son propre objet : les dérivés de dérivés apparaissent, et les crédits sont « titrisés », c'est-à-dire transformés en produits financiers achetés et vendus sur les marchés.

Pour être efficients, ces marchés ont besoin d'être les plus « généraux » possible, autrement dit mondiaux. Si, pour créer de la richesse, le capital doit pouvoir s'allouer librement, alors le secteur financier doit pouvoir « porter » ces capitaux et les valoriser au mieux en jouant des différentes opportunités et législations nationales. C'est un paradoxe

15 *Ibid.*, p. 122-126.

fondamental de la finance néolibérale : elle a besoin de frontières (pour pouvoir faire des arbitrages), sans devoir elle-même être soumise à des limites géographiques. Pour cela, les paradis fiscaux[16], ces bases de repli où les capitaux sont à l'abri des regards, des règles et des impôts, sont des éléments clés naturellement intégrés dans le circuit de circulation mondial de l'argent. Ce qu'on appelle la « mondialisation » a commencé dès la fin des années 1950 avec le monde de la finance[17]. Sa traduction dans le domaine des biens est un élargissement tardif mais logique du phénomène. La mondialisation néolibérale n'aurait pas été possible sans la financiarisation de l'économie. Dès lors, banques ou fonds d'investissement peuvent dicter leurs lois aux États et agir pour qu'ils baissent impôts et contraintes et qu'ils ouvrent davantage de marchés. Les autres entreprises peuvent suivre avec le chantage aux délocalisations. L'État néolibéral devient une forme de vassal de la finance : il doit en permanence rendre hommage aux investisseurs pour qu'ils fassent le choix de son territoire plutôt que celui des autres.

Ainsi, les États sont mis en concurrence, et avec eux les sociétés. Car la financiarisation, c'est également l'intrusion des marchés dans l'économie réelle (eux seuls étant capables de donner une valeur juste et instantanée). Avec le progrès technique, cette prétention à la mesure va se développer encore. Au début des années 2000, les normes

16 Il n'existe pas de définition satisfaisante et consensuelle du terme « paradis fiscal ». Les organisations internationales se limitent souvent à l'aspect criminel ou strictement non coopératif de ces juridictions mais peinent à prendre en compte l'immense circulation des capitaux en jeu. De façon globale, ce sont des lieux où l'on peut placer des capitaux pour échapper à des taxes, mais aussi à des règles ou des lois, afin de maximiser leur rendement et faciliter leur circulation.

17 L'acte de naissance de cette mondialisation financière, c'est la création du marché des « eurodollars » en 1957 à Londres, où le secteur financier a commencé à prêter des dollars offshore, créés hors des États-Unis, sans aucun contrôle.

comptables changent pour intégrer comme valeur de référence la valeur de marché (la « juste valeur »). Avec les marchés financiers, le prix est toujours connu, chacun peut le consulter et influer sur son évolution. Dès lors, ces marchés deviennent le seul juge reconnu de la valeur.

À partir de là, créer de la valeur va signifier dans les entreprises créer de la valeur de marché pour les actionnaires. Cette logique de « valeur actionnariale » est un vecteur important de la modification de la nature du capitalisme[18], parce que la gestion ne se résume plus seulement à la création du profit, mais aussi à celle d'un prix de marché. L'investissement productif devient rapidement moins attrayant, et on lui préfère d'autres moyens pour augmenter la valorisation de la société. C'est le cas des fusions-acquisitions, créatrices de *goodwill*, ces plus-values d'acquisition calculées sur des modèles de valorisation financière. L'augmentation des dividendes et les rachats d'actions permettent d'attirer les actionnaires et donc d'augmenter la valeur de l'entreprise en donnant au marché la priorité de la redistribution des bénéfices. Ces méthodes sont encouragées et mises en œuvre par des dirigeants qui sont souvent rémunérés en titres d'entreprise ou en options sur ces titres.

Ce mode de gestion ne se réduit pas aux seules entreprises cotées en Bourse ou émettant de la dette sur les marchés. L'impact de la finance se retrouve sur l'ensemble de l'économie. Non seulement les fournisseurs subissent les exigences de la rentabilité financière, mais les entreprises sont également rachetées par des fonds d'investissement qui les soumettent à des exigences de rentabilité liées à des modèles de valorisation de marché. Globalement, le

18 Suivant la conception de Michel Aglietta, dont on trouve un résumé dans : Michel AGLIETTA, *L'Économie mondiale 2018*, La Découverte, Paris, 2018.

changement de culture des grandes entreprises se diffuse aux plus petites. Pour toutes ces raisons, la financiarisation n'est pas un effet secondaire du néolibéralisme : c'est son cœur et son moteur. La finance néolibérale « capture » l'économie et la société[19]. Mais c'est là le reflet du capitalisme néolibéral et de sa vision hégémonique sur la société. Son exigence de vérité se traduit par une exigence de marchandisation des activités humaines. On comprend mieux pourquoi, lors de la crise de 2008, crise systémique de la finance néolibérale née de la titrisation et aggravée par le développement des imbrications au sein du secteur financier et avec l'économie réelle, l'État n'a pas hésité à intervenir massivement, quitte, comme dans le cas de la Grèce, de l'Irlande ou de l'Espagne, à faire payer la facture aux populations par l'austérité. Ce sauvetage n'était pas seulement celui de la finance, c'était celui d'un ordre économique mondial, le néolibéralisme.

L'État néolibéral

La particularité du paradigme néolibéral est qu'il maintient un rôle central pour l'État. Mais cet État a un rôle bien différent de celui de l'État-providence défendu par les keynésiens de l'après-guerre. Son rôle est de s'assurer partout que la balance du pouvoir pèse du côté du capital. Il doit donc devenir le principal allié du capital.

Des politiques centrées sur le capital

Le néolibéralisme est la réaction au recul du capital dans sa lutte avec le travail depuis les années 1930. La fin du XXe siècle s'annonce comme une revanche, un retour de

19 Laurence Scialom, *La Fascination de l'ogre*, Fayard, Paris, 2019.

bâton. La priorité sera désormais donnée au capital sur le travail. C'est bien logique, puisque la source de la valeur est l'équilibre du marché. Tout ce qui déforme ou retarde cet équilibre est considéré comme une illusion qui conduit à de mauvaises allocations des capitaux et, partant, à des crises. Il faut donc lever les entraves. Dans cette vision, plus le capital est libre, plus il se rapproche de la vérité. C'est donc là la nouvelle tâche de l'État, contenue dans l'expression « réformes structurelles ».

L'espace laissé aux politiques économiques va se réduire singulièrement à un soutien structurel à l'offre. Soutenir la demande, en dehors des urgences de court terme qui menacent l'existence des capitaux, revient à créer des déséquilibres qui favorisent une mauvaise allocation des ressources et conduisent à des crises. Selon la conception néolibérale, il faut soutenir l'offre pour lui permettre de s'adapter à la compétition. En 1990, Paul Romer, qui obtiendra le prix d'économie de la Banque de Suède en hommage à Alfred Nobel (parfois appelé « prix Nobel d'économie ») en 2018, concrétise cette vision dans sa théorie de la « croissance endogène ». Le moteur de la croissance est désormais l'innovation de l'offre.

Pour innover, les producteurs ont besoin de moyens financiers, d'où cette triple nécessité : abaisser la fiscalité, diriger la recherche publique vers les besoins du privé et laisser les capitaux s'allouer librement pour financer les « bonnes » innovations, celles qui créent de la valeur, c'est-à-dire du rendement financier. Certes, il doit y avoir des investissements publics, et c'est bien ici la spécificité de l'âge néolibéral de réclamer ce soutien de l'État. Mais il se dessine dans des cadres précis : l'adaptation des politiques publiques, notamment d'éducation, de formation et de recherche, à répondre aux exigences de la concurrence mais aussi la capacité à soutenir des marchés trop peu rentables afin que la concurrence puisse se développer. Sitôt que ces marchés se montrent rentables, les entreprises publiques sont déconsidérées et deviennent des « rentes ». Leur cession au privé est alors nécessaire au nom de l'efficacité et du besoin de fonds de l'État.

Rien, ou quasiment rien dans cette vision, ne peut donc justifier un soutien à la demande. En revanche, tout doit être fait pour que les capitaux puissent librement s'allouer. Lorsqu'un investisseur choisit d'investir sur un territoire, le fait est perçu comme une victoire, mais, pour ce faire, il faut l'attirer. C'est là le rôle attendu de l'État : réduire les impôts éventuellement pour « inciter », offrir des avantages en termes de recherche ou d'infrastructures, réduire le poids réglementaire, abaisser le coût du travail. On voit l'État néolibéral à l'œuvre : toute son action est consacrée à soutenir le secteur privé, par sa politique fiscale, son investissement, son rôle normatif.

La nature de l'État néolibéral

La question centrale du néolibéralisme n'est pas moins d'État, mais un État au service des marchés et du capital. C'est un des éléments les plus délicats à saisir dans le débat public et qui, souvent, contribue à brouiller les pistes. Tout comme il contribue à son succès : le paradigme néolibéral a pu utiliser les institutions des États keynésiens pour le développement de son agenda. La différence entre la période fordiste-keynésienne et la période néolibérale est avant tout *qualitative* plus que *quantitative*. Ainsi, entre 1970 et 2015, la dépense publique aux États-Unis est demeurée stable, alors que, durant cette période, le pays a connu une vague de réformes néolibérales sans équivalent[20]. Mais la nature de l'État a changé. Elle est

20 Selon les données de l'OCDE, la dépense publique représentait 34,24 % du PIB en 1970 et 37,93 % en 2015.

moins directement interventionniste, davantage encastrée dans une logique de marché. Progressivement, l'État devient un État néolibéral, concept difficilement compatible avec les doctrines du libéralisme classique.

Un État néolibéral peut, selon les circonstances, renoncer à une privatisation pure et simple d'un service public. Mais les opérateurs du service public seront encastrés[21] dans le marché par plusieurs moyens, afin de les soumettre à la seule logique de marché (qui, pour les néolibéraux, équivaut à l'intérêt général). Une entreprise publique peut ainsi être dans le marché par une mise en concurrence directe avec des opérateurs privés. Quoique détenue par l'État, une telle entreprise est alors soumise aux règles du marché, et l'État, en tant qu'actionnaire, doit s'assurer de cette soumission. C'est le cas de nombreuses entreprises de transport ferroviaire dans l'Union européenne (UE), du moins sur le fret et les transports régionaux, mais aussi bientôt sur les grandes lignes. Dans ce cas, la privatisation *stricto sensu* n'est pas une nécessité, mais cela ne change rien dans les faits : l'entreprise n'est plus la représentante d'un intérêt général ou d'un service public, ce qui donnait jadis sens au contrôle de l'État ; elle n'est qu'une entreprise comme une autre, sur un marché compétitif. Le contrôle de l'État devient celui de n'importe quel actionnaire.

Cette logique peut être encore plus diffuse. Certaines organisations publiques, comme celles de la santé, peuvent être soumises à des logiques de marché et, partant, à une gestion d'entreprise centrée sur la « valeur actionnariale », qui est une part entière du paradigme néolibéral[22], sans

---

21 Pour Quinn Slobodian, la notion d'encastrement *(encasement)* est une des spécificités du néolibéralisme. Voir : Quinn SLOBODIAN, *op. cit.*, p. 13.

22 Pour une introduction aux singularités de cette forme de gestion d'entreprise, voir : Michel AGLIETTA, *Capitalisme : les mutations d'un système de pouvoirs*, *in L'Économie mondiale 2018, op. cit.*, p. 23-39.

être soumises à des marchés concurrentiels. Elles le sont par d'autres canaux : l'économie des deniers publics rendue nécessaire par les politiques de l'offre et par la crainte d'un manque de financement des marchés. Cette gestion renforce la marchandisation de la société parce que les recrutements publics passent désormais de plus en plus par des contrats privés ou par la mise en concurrence des fournisseurs sur le seul critère du prix. Et c'est ce que vise la politique de l'État néolibéral. D'autant que cette gestion, qui a souvent des conséquences calamiteuses, donne à de futures privatisations ou mises en concurrence des apparences de justifications.

Car, bien sûr, les privatisations pures et simples existent et sont souvent favorisées. Elles ne sont pas toujours aussi massives qu'on le pense. Dans de nombreux cas, il s'agit de ventes partielles pour que la logique de marché se diffuse progressivement dans les entreprises publiques. Ces privatisations, partielles ou non, sont souvent accompagnées de la création d'une autorité « indépendante » chargée de « défendre l'intérêt général ». On retrouve ici un des rôles principaux de l'État néolibéral. C'est ce qui s'est passé lors de la privatisation de la Française des jeux en 2019, par exemple. Vendu au privé, le monopole des jeux de hasard est dorénavant encadré par un régulateur. À l'Assemblée nationale, Bruno Le Maire, ministre de l'Économie et des Finances du gouvernement d'Édouard Philippe, a défendu cette logique dans ce qui ressemble à une profession de foi néolibérale : « Je crois que la régulation est la meilleure façon d'assurer le contrôle de l'État sur des actifs stratégiques[23]. » Car on ne doit pas confondre cette régulation, extérieure à l'État, souvent exécutée par des acteurs du marché pour des raisons d'expertise, avec une régulation directe de l'éco-

23 Déclaration à l'Assemblée nationale lors des questions au gouvernement du 5 avril 2018.

nomie par un État qui pousse un intérêt distinct de celui des investisseurs. En réalité, ces instances de régulation s'assurent surtout que les droits du capital privé soient respectés, contre l'État, contre les travailleurs et contre les monopoles privés.

Un des modes d'action privilégiés du néolibéralisme, ce sont les partenariats publics-privés (PPP), ces contrats par lesquels l'État finance en partie une infrastructure avec le secteur privé, en lui en donnant concession. L'idée qui prévaut à ces mécanismes est que le secteur privé gère mieux que le secteur public, mais que, sans l'appui financier de ce dernier, cette gestion est impossible car l'activité n'est pas immédiatement rentable. Si tel est le cas, c'est parce que le service rendu relève davantage du service public que de l'activité marchande. Le PPP est donc une forme de privatisation subventionnée qui renforce la marchandisation des services publics. Et qui souvent aboutit à des fiascos retentissants, au point que même les conservateurs britanniques « n'osent plus les défendre[24] ». Pour autant, ces partenariats sont encore promus aujourd'hui, au nom de l'« efficacité » du privé (qui découle de la justice des mécanismes de marché) et des économies de deniers publics (qui découlent de la soumission de l'État aux intérêts privés).

Cette transformation a été générale dans les pays occidentaux. Et, précisément parce qu'il s'agit d'une transformation institutionnelle passant par une adaptation de l'État, elle a dû s'ajuster aux réalités des économies et des sociétés. Chaque économie, chaque société a subi une transformation propre sous l'impact de cette évolution générale. C'est pour cette raison que la traduction concrète du néolibéralisme est multiple, ce qui peut donner l'impression que le néolibéralisme n'existe pas

24 Éric ALBERT, « Au Royaume-Uni, la mort des partenariats publics-privés », *Le Monde*, 12 mars 2018.

lorsque l'on compare les cas particuliers. Du point de vue doctrinaire, tout néolibéralisme est un « néolibéralisme bâtard[25] ». Il n'empêche qu'il existe bien une force de transformation sociale, liée au paradigme néolibéral, engagée depuis les années 1970. C'est cette force qui est à l'œuvre en France aujourd'hui.

L'encadrement de la démocratie

Un État qui prend autant parti en faveur du capital au point de ne devenir lui-même qu'un assesseur du marché peut-il être démocratique ? Cette question est au cœur du néolibéralisme depuis ses balbutiements. C'est pourquoi David Harvey[26] le définit d'abord comme un projet *politique* visant à défendre les intérêts du capital sur le travail. Dans les années 1930, les grands penseurs néolibéraux ont immédiatement conçu leur projet comme politique. Il s'agissait de se prémunir contre le totalitarisme qu'impliquait selon eux la planification. Les marchés avaient donc une fonction politique.

D'emblée s'élevait un obstacle : la majorité populaire souhaitait la protection de l'État et était peu encline à accepter une loi du marché qui fait plus de perdants que de vainqueurs. Cela était renforcé par l'évolution de plusieurs démocraties d'alors vers le socialisme ou le fascisme. Il fallait donc défendre la démocratie contre elle-même. « Les néolibéraux ne voient pas le capitalisme et la démocratie comme deux forces se renforçant, mais, au contraire, ils regardent la démocratie comme un problème », souligne l'historien états-unien Quinn Slobodian[27]. Et de poursuivre :

25 Grégoire Chamayou, *op. cit.*, p. 10.

26 David Harvey, *A Brief History of Neoliberalism*, Oxford University Press, Oxford, 2005.

27 Quinn Slobodian, *op. cit.*, p. 17.

« La démocratie signifie que des vagues de masses populaires exigeantes menacent toujours de jeter hors de ses rails le fonctionnement de l'économie de marché. »

L'aspiration néolibérale est celle d'une démocratie limitée et encadrée, où les droits du capital et sa liberté de circulation sont garantis contre les tentations de la population de les remettre en cause. Avec ces limites, les néolibéraux proposent de protéger le peuple contre lui-même, contre ses décisions hâtives, intéressées et à courte vue. Aujourd'hui, dans les salles de marché et dans les bureaux des économistes, mais aussi pour plusieurs dirigeants, rien n'est plus dangereux que le « risque politique ». De quoi s'agit-il ? De la tentation qu'auraient des élus de satisfaire les désirs de la population en revenant sur les structures néolibérales de défense des droits du capital. Pour les néolibéraux, cette volonté démocratique est nuisible. La démocratie doit donc faire place au marché dans certaines matières, parce que, comme ils le martèlent, le marché est juste. Autrement dit, la démocratie n'est limitée que pour laisser place à l'intérêt général. Le marché est un outil pour assurer le bien commun, là où la démocratie s'en montre incapable. Il faut, en quelque sorte, remettre la démocratie à sa place, c'est-à-dire hors des structures économiques et sociales, et faire le bien du peuple malgré lui. Voilà pourquoi le néolibéralisme a besoin d'un État fort : pour garantir que les droits populaires ne toucheront pas au fonctionnement du marché.

Cette mise au pas de la démocratie se fait par deux grands moyens : l'installation de structures « indépendantes » et l'instauration d'un consensus politique néolibéral. Le premier moyen est une constante des politiques néolibérales : l'État doit également se soumettre à des règles pour assurer qu'il n'interviendra pas dans le fonctionnement des marchés, d'où la création d'instances. Ces instances ne peuvent être politiques, car elles doivent échapper au débat démocratique pour pouvoir juger ce qui est bon pour l'intérêt général (comprendre : pour le bon fonctionnement des marchés). Il faut donc des juges-experts qui puissent imposer ces règles aux pouvoirs démocratiques et, de fait, se placer au-dessus d'eux.

L'Allemagne a conçu sa démocratie de l'après-guerre dans ce cadre, pour des raisons historiques, puis a fortement influencé par la suite les structures de l'Union européenne (UE). Le traité de Maastricht est un des plus éclatants exemples de ces règles qui s'imposent aux États par le biais d'instances indépendantes : la Banque centrale européenne (BCE), la Cour de justice de l'UE (CJUE) et, dans une moindre mesure, la Commission européenne. Mais elles n'ont pas été inventées par l'UE. Dans les années 1980-1990, l'influence du monétarisme, y compris chez les néokeynésiens, a imposé à l'ensemble des États avancés l'idée d'une banque centrale indépendante, capable de déterminer l'intérêt général en matière monétaire bien mieux qu'un gouvernement élu. En France, l'arrivée de l'euro poursuit largement la « politique du franc fort » inaugurée à partir de 1983 et qui, au reste, a longtemps été plus restrictive. En 2012, les États de l'UE ont adopté un traité sur la Stabilité, la croissance et la gouvernance (TSCG) qui renforce les règles budgétaires par une « règle d'or » visant à réduire la croissance des dépenses. En parallèle, des « hauts conseils en finances publics » ont été instaurés pour faire respecter ces mesures, tandis que le pouvoir de surveillance et de sanction de la Commission européenne a été renforcé. La constitutionnalisation de ces règles a conduit les conseils constitutionnels à devenir des gardiens de l'ordre néolibéral. Là encore, l'Allemagne a montré l'exemple dès 2009 avec son « frein à l'endettement ». Mais l'idée avait germé avant, hors UE, puisque c'est en Suisse que cette règle budgétaire a été pour la première fois adoptée, en 2001.

Construire un budget n'est plus de la seule responsabilité d'un gouvernement et d'un parlement : il doit passer par la validation de plusieurs instances non élues qui peuvent modifier les choix démocratiques. À cela se sont ajoutés les pouvoirs, discrétionnaires ou incitatifs, d'autres instances internationales, comme l'Organisation mondiale du commerce (OMC), l'Organisation de coopération et de développement économique (OCDE) ou le Fonds monétaire international (FMI). Ces institutions sont des « pouvoirs judiciaires pour encastrer les marchés au-delà de toute responsabilité démocratique[28] ». Ce sont des moyens de garantir l'évolution néolibérale des États en la mettant à l'abri du débat politique, c'est-à-dire démocratique. L'État néolibéral place ainsi juridiquement le capital à l'abri du peuple, donc du travail.

Le consensus politique comme fabrique du consentement

Néanmoins, cet encadrement juridique ne suffit pas. Comme cela est souvent remarqué, ces institutions et ces règles ne valent que parce que les États les ont acceptées, parfois par référendum ou par le vote des parlements. Le renoncement démocratique a souvent été un processus démocratique. Il a d'abord fallu que les États se convertissent à ces idées et acceptent de renoncer à une partie de leurs pouvoirs. Comment cela a-t-il été possible ? Par la construction d'un consensus politique, qui est le pendant du consensus scientifique décrit précédemment.

Dès lors que la majorité des économistes s'est reconnue dans le paradigme néolibéral, la politique « raisonnable » a dû s'y reconnaître à son tour. Les élites politiques se sont retrouvées face à une technocratie économique, culturelle et

28 *Ibid.*, p. 286.

administrative, les enjoignant de se soumettre à la réalité, à la modernité et à la vérité. Le combat politique devait changer de nature, car il devenait difficile de prétendre défendre des politiques que la science récusait, sauf à accepter de « mentir ». Tout réalisme devenait un néolibéralisme, la révolution scientifique une révolution politique. Bien sûr, le contexte scientifique n'a pas été seul décisif : la crise du capitalisme des années 1970 a désarmé une partie de la classe politique qui s'est naturellement ralliée aux idées dominantes.

C'est dans ce contexte qu'a eu lieu la troisième évolution de la gauche social-démocrate. Après avoir défendu un réformisme marxiste au début du XXe siècle, puis les politiques keynésiennes au milieu de ce même siècle, elle s'est finalement convertie au tournant du nouveau millénaire au néolibéralisme, à l'instar de la pensée néokeynésienne. La gauche a fait sien le discours « possibiliste » du néolibéralisme, voyant dans les réformes un moyen d'améliorer le sort des individus. Cette évolution est en place dès les années 1970-1980. Le social-démocrate allemand Helmut Schmidt annonce ce tournant en septembre 1974 par son « théorème » qui veut que « les profits d'aujourd'hui soient les investissements de demain et les emplois d'après-demain ». C'est la conversion à une politique favorable au capital qui deviendra complète dans la gauche européenne à la fin des années 1990, lorsque la SPD allemande de Gerhard Schröder, le Labour britannique de Tony Blair, la gauche italienne de Romano Prodi et la social-démocratie suédoise se feront les agents des réformes structurelles. La SPD allemande, notamment, réalise des réformes du marché du travail qui vont fragiliser le système de cogestion allemand qu'elle-même avait contribué à renforcer lors de sa première arrivée au pouvoir dans les années 1960. Tout ceci se fait au nom de la raison économique.

Le néolibéralisme, accepté par la majeure partie de la droite européenne dès les années 1980, après le double succès de Thatcher et de Reagan, devient aussi la pensée économique de la social-démocratie européenne et d'une partie de la gauche plus « radicale ». L'effondrement de l'URSS et l'affaiblissement de la critique du capitalisme qui ont suivi ont laissé le champ libre au renoncement de toute critique du paradigme économique dominant. La tâche de la social-démocratie était alors non plus d'organiser et de soutenir la défense des travailleurs contre le capital mais au contraire d'assurer le bien-être des travailleurs par la prospérité du capital, laquelle passait par le développement des marchés. L'ambiguïté du néolibéralisme face à l'État donnait, de ce point de vue, un argument supplémentaire à la gauche, qui pouvait prétendre sauver le rôle de l'État contre les « ultralibéraux », tout en menant un agenda néolibéral. Ce fut le positionnement de Tony Blair et de Gerhard Schröder au début des années 2000. Dès lors, un consensus politique s'est mis en place autour d'une vérité aussi indépassable qu'a pu l'être jadis la physique ptoléméenne. La logique de marché et la réduction de la sphère publique, piliers d'un projet politique radical de transformation de la société, sont devenues des « évidences » que la politique ne pouvait contester, sauf à passer dans le camp de l'irrationnel. Une fois la gauche ralliée au néolibéralisme, le débat politique devait se limiter aux cadres étroits permis par ce projet.

Dorénavant, en cas de crise, le gouvernement ne change pas avec la politique. Au contraire, la politique s'adapte aux exigences néolibérales. En 1926, lorsque les marchés financiers exigent la chute du cartel des gauches, Édouard Herriot, le chef de cette alliance, est remplacé par Raymond Poincaré, son adversaire de droite. En 2015, en Grèce, Alexis Tsipras décide de se convertir au néolibéralisme, sous la pression de la troïka, mais reste en place, tout comme les socialistes français en 1983. Les « grandes coalitions » entre gauche et droite, comme on en trouve en Allemagne ou en Autriche et qui se fondent sur un accord quant aux politiques économiques et à la nécessité des réformes, deviennent le rêve des néolibéraux, non seulement parce qu'elles sont le signe de leur victoire politique, mais aussi parce qu'elles sont un gage d'efficacité, l'opposition étant rejetée aux extrêmes. De telles « grandes coalitions » seront ainsi organisées pour faire face aux crises en zone euro et valider les encadrements de la démocratie. En Grèce, la droite et la gauche vont, alternativement et ensemble, instaurer le régime d'austérité à partir de 2010. Durant cette décennie, en Espagne, en Allemagne, en France, droite et gauche votent également ensemble les « règles d'or » budgétaires. Tous ceux qui s'opposent au libéralisme n'expriment plus alors une opinion, ils s'opposent à la « vérité », ils trompent le peuple. De là est née la notion vague mais fort pratique de « populisme » : il s'agit de fustiger tous ceux qui souhaitent faire droit aux désirs du peuple en rejetant cette vérité. Le populisme serait alors une forme d'obscurantisme qui s'appuie sur la démocratie.

Ce consensus a pu s'appuyer sur les crises du capitalisme pour s'imposer. Chaque crise économique est l'occasion d'arrêter une nouvelle série de « réformes » pour l'enrayer et une opportunité de discipliner les peuples et de réduire le champ de la démocratie en montrant que les désirs illimités de la population sont à l'origine des dérèglements.

On a déjà évoqué l'importance de la crise des années 1970 dans la naissance du paradigme néolibéral : l'inflation a été l'occasion de pointer la trop grande générosité des politiques de redistribution. Plus tard, la crise de 2008, crise financière et bancaire au départ, a aussi été l'occasion de nouveaux tours de vis budgétaires et de nouvelles séries de réformes structurelles en Europe, lorsqu'elle s'est muée en crise de la dette publique à partir de 2010. Les crises économiques et l'échec, souvent exagéré, des solutions keynésiennes pour les résoudre sont présentés comme une validation des idées néolibérales et contribuent à renforcer le consensus politique et l'encadrement de la démocratie.

La crise est aussi le prétexte pour briser les résistances en ne laissant aucun espoir en dehors du consensus néolibéral. Grégoire Chamayou a montré que l'autoritarisme est une composante structurelle du mouvement néolibéral depuis les années 1970, notamment au niveau des entreprises. Les méthodes d'intimidation et de pression sur les salariés pour que les luttes syndicales s'amenuisent ont été renforcées par l'apparition du chômage de masse, puis par la pression sur les salaires et la précarité de l'emploi. En individualisant la relation de travail, on a affaibli le camp du travail et amené les salariés à intégrer que leur sort ne pouvait s'améliorer ni par la lutte ni par la coopération, mais par son adhésion aux intérêts du capital. C'est par cet autoritarisme d'entreprise qu'est apparue la victoire culturelle du néolibéralisme.

De même, les gouvernements et les institutions usent de pressions et de « violence légitime » pour briser les résistances : puisque ceux qui s'opposent aux réformes sont irrationnels, la force est justifiée. En outre, elle permet de faire un exemple et de dévoiler l'impasse du refus de la « réalité ». Le refus de céder aux protestations de l'opposition est la marque de fabrique du régime néolibéral. Pendant la crise de la dette publique, les institutions à la manœuvre (FMI, BCE et Commission européenne, ou « Troïka ») ont toujours insisté pour que les gouvernements des pays en crise ne cèdent jamais aux demandes populaires et appliquent « leur » programme et non celui issu des élections. Et, s'il le fallait, ces institutions n'hésitaient pas à avoir recours à l'intimidation. En 2011, Jean-Claude Trichet, le président de la BCE, a menacé l'Irlande d'une « bombe », autrement dit de la sortie du pays de la zone euro, si le gouvernement nouvellement élu décidait de restructurer sa dette (et de faire payer ses créanciers), comme il l'avait promis pendant la campagne[29]. En 2015, le même phénomène a joué contre la Grèce. Le FMI appelle cette exigence l'« appropriation » des réformes, autrement dit le rejet de tout refus de ces réformes, qui s'accompagne souvent d'une répression violente des manifestations, comme en Grèce de 2010 à 2012.

Toutefois, la référence néolibérale en ce domaine reste la victoire de Margaret Thatcher, en 1984 et 1985, face à la grève des mineurs. La Première ministre britannique a montré son inflexibilité en faisant appel à l'armée pour réprimer le mouvement social. Ainsi, elle a effacé les défaites du gouvernement d'Edward Heath, son prédécesseur conservateur, face aux mineurs en 1972 et 1974. Sa victoire a été décisive pour réussir une profonde transformation néolibérale du Royaume-Uni[30]. La lutte syndicale est apparue inutile contre le mouvement de réforme, et la gauche n'a plus espéré son salut que dans l'acceptation du thatchérisme pour revenir au pouvoir douze années plus tard. Alors même que les conservateurs n'ont jamais été majoritaires dans l'électorat britannique[31], Margaret Thatcher a, par la violence, construit les conditions politiques de la victoire du néolibéralisme.

La lutte de classes revisitée

Le néolibéralisme se veut une revanche du capital. Dans sa lutte constante avec le travail, il peut désormais compter sur un allié puissant, l'État, et sur une revalorisa-

29 Ce sont les propos du ministre irlandais des Finances d'alors, niés par Jean-Claude Trichet. Voir : Romaric Godin, « La BCE a-t-elle menacé l'Irlande d'une "bombe" en 2011 ? », *La Tribune*, 11 septembre 2015.

30 Donald MacIntyre, « How the miners' strike of 1984-85 changed Britain forever », *New Statesman*, 16 juin 2014.

31 Le score le plus élevé obtenu par le parti de Margaret Thatcher à cette époque lors des élections générales est de 43,9 % en 1979, ce qui est moins que le score obtenu par Edward Heath en 1970 (46,4 %).

tion culturelle nouvelle de sa propre action. Cette évolution va s'accompagner d'une promesse sociale qui justifiera la conversion de la gauche mondiale au néolibéralisme.

Néolibéralisme et travail

Pour saisir la place du travail dans le néolibéralisme, il faut revenir à sa théorie de la valeur. Si le prix issu du marché donne la seule valeur vraie et juste, le travail ne prend sa valeur que dans le prix fixé par le marché. Le travail n'est pas source de valeur en soi, comme le prétendait la pensée économique classique. Il est donc juste qu'il soit soumis à la logique du marché qui, comme les autres, doit être préservée de ce qui entrave son bon équilibre. Dès lors, il est urgent de construire un « marché du travail » parfaitement concurrentiel et fluide. C'est pourquoi la flexibilisation du marché du travail est toujours la première des réformes promues par les néolibéraux.

Là encore, il faut prendre garde aux raccourcis. Le néolibéralisme ne s'oppose pas aux règles pour encadrer ce marché, mais ces règles ne sont là que pour permettre le bon fonctionnement du marché. Ce qu'il faut absolument éviter, ce sont des règles qui protègent le travail et lui donnent une capacité de définir le prix en dehors du marché : un système de revalorisation automatique, une lutte syndicale pour les salaires ou des protections légales de l'emploi et des salaires. Car, alors, le travail obtiendrait un prix « injuste ». L'ennemi du néolibéralisme, c'est le refus du travail de se soumettre au marché, de prétendre à la création d'une valeur qui dépendrait du rapport de forces entre le travail et le capital. Le but des réformes est de faire accepter au travail qu'il a le même intérêt que le capital – même si, dans les faits, cet intérêt n'est que celui du capital. Ce n'est pas la collaboration mais la soumission qui est visée.

L'ordre néolibéral ne s'adresse pas directement au travailleur, puisque, intégré dans le processus de formation de l'offre, il n'est qu'un rouage. L'individu néolibéral par essence est le consommateur, à qui on promet, par la libre concurrence et le jeu du marché, le meilleur prix. C'est bien là le sens de la phrase d'Emmanuel Macron citée : permettre au consommateur d'être créateur de valeur. Ce consommateur est séparé du producteur, fût-il en réalité le même individu. Dans la promesse de prix bas (ou plutôt le plus bas possible) que l'on adresse à ce consommateur, on évite soigneusement de préciser les conséquences contenues dans cette « bonne affaire » : la pression sur les coûts de production, donc sur les salaires, l'emploi et le financement de la Sécurité sociale. C'est que tout doit s'équilibrer au final : le consommateur chômeur ou travailleur pauvre trouvera le produit au prix juste pour lui, parce que sa précarité permet de déterminer ces prix. Partout l'offre s'adapte aux désirs – subis ou conscients – du consommateur, parce qu'elle est partout parfaitement valorisée. Dans un monde où le marché est parfait, les intérêts du consommateur sont ceux du producteur. Ce dernier veut séduire le consommateur, par les prix et l'innovation, ce qui satisfait le consommateur. C'est ici l'autre facette « sociale » du néolibéralisme : promettre l'abondance pour tous à bon marché grâce à la concurrence.

Pour que cet équilibre soit possible, il est indispensable que les individus cessent de réfléchir en tant que travailleurs ayant des intérêts communs avec leurs collègues face au patronat. Le rôle du travailleur est de valoriser au mieux son entreprise pour qu'elle soit plus performante. Il doit donc s'identifier à l'intérêt du capital et coller en permanence aux besoins de la production. Toute lutte du travail contre le capital est inutile et néfaste : elle crée des déséquilibres dont souffre le plus grand nombre. Il ne faut pas lutter, il faut « s'adapter ». C'est ici que le mythe de la « mobilité », qui revient sans cesse dans le discours « progressiste », prend son importance : la mobilité, c'est la capacité à « choisir » son travail… en fonction du marché. Vous perdez votre emploi ? Vous êtes victime d'une délocalisation ? Rien finalement de plus grave que si votre barre chocolatée préférée n'est plus en rayon : c'est simplement que votre désir n'est pas en phase avec l'équilibre de marché. Mais d'autres produits et d'autres emplois s'offrent à vous ! Il suffit de « s'adapter » au marché grâce à la « formation ». Le mieux étant même de passer soi-même du côté du capital en devenant (auto) entrepreneur et en créant son entreprise.

Culturellement, ce mouvement s'accompagne d'une glorification de la figure de l'entrepreneur, qui serait le seul à prendre des risques et à innover pour créer des emplois, parce qu'il est le seul à se confronter au marché, tandis que les salariés seraient des rentiers protégés par des statuts injustes. La levée de ces statuts est brandie comme une juste compensation et un « retour au réel ». Parallèlement, la « mobilité » est aussi glorifiée comme une capacité à construire un avenir meilleur, qui correspond mieux aux désirs de l'individu, ce que les régulations actuelles du travail empêchent d'atteindre. Le travailleur est donc sommé de s'identifier de plus en plus à l'entrepreneur, le rôle du travailleur, comme celui de l'entrepreneur, n'étant plus que de produire au prix dicté par le marché. Il doit cesser de se battre pour son salaire ou pour son emploi, au profit de plus de concurrence, ce qui lui permet d'obtenir des prix en cohérence avec son travail.

Il faut donc combattre les rentes, celles des entreprises, sans doute, mais surtout celles des « corporations » de travailleurs, les syndicats, et les statuts, qui s'appuient sur des avantages acquis, issus des luttes anciennes, d'équilibres sociaux et de compromis politiques. C'est la véritable « révolution » néolibérale : faire disparaître ces entraves qui empêchent la vérité du marché d'émerger et créent l'impossibilité du bonheur social.

C'est pourquoi le néolibéralisme peut donner l'illusion de s'inscrire dans un discours social. Les institutions internationales (FMI, OCDE ou Banque mondiale) utilisent un terme précis pour donner cette apparence sociale : celui de la croissance « inclusive ». Mais ce terme dit clairement qu'il ne s'agit là que de fournir à l'individu la capacité d'entrer sur les marchés et d'y être concurrentiel. Rien de plus. Avec l'idée que, en favorisant la marchandisation de la société, on favorise l'égalité de tous devant les marchés. Inévitablement, certains peuvent sortir perdants des ajustements qui suivent, mais la promesse néolibérale, c'est qu'une autre opportunité, un autre marché, s'ouvrira bientôt devant lui pour lui permettre de réussir.

Pour les néolibéraux, la justice réside dans l'égalité devant les possibilités qu'offre l'économie libre. Au final, ceux qui réussissent et ceux qui ne réussissent pas méritent tous leur sort. Empêcher le marché de dire la vérité, c'est soutenir l'injustice. Ce discours, fréquent chez les néolibéraux pour convaincre les citoyens qu'ils défendent l'intérêt général, aboutit à l'accusation de « certains » qui empêchent d'autres d'avoir accès au marché et de réaliser leur destin, comme les syndicats, souvent la cible de ces accusations parce qu'ils défendraient des revendications « catégorielles ».

Pour rendre ce marché efficient et entretenir durablement cet espoir, l'État joue un rôle central : celui d'assurer à chacun la capacité d'accéder à cette logique marchande. C'est pourquoi le néolibéralisme se marie fort bien avec des dépenses d'éducation et de formation, pourvu qu'elles soient adaptées aux demandes du marché, mais aussi avec un socle social minimal, permettant à tout individu d'être apte à vendre et à se vendre, pourvu, là encore, que ce socle serve à vendre et se vendre. Friedrich Hayek lui-même, pourtant opposé à toute politique de redistribution sociale, défendait cette idée de revenu minimum[32]. La logique du *workfare*, c'est-à-dire de l'assistance sociale soumise à la mise à disposition de soi au marché du travail, est une des grandes caractéristiques de la pensée néolibérale. Cette idée a été développée la première fois par le président des États-Unis Richard Nixon, dans un célèbre discours prononcé en 1970[33]. Nixon est le premier à avoir engagé un changement de cap en Occident vers le paradigme néolibéral. Depuis, l'idée ne cesse de séduire : c'est celle qui a prévalu, au début des années 2000, en Allemagne avec les lois Hartz, et c'est celle qui inspire le revenu universel d'activité (ce dernier mot est évidemment essentiel) d'Emmanuel Macron.

Cette capacité d'utiliser l'État, et de prétendre à des objectifs sociaux, est fondamentale pour comprendre comment le néolibéralisme a pu trouver des appuis à gauche, tant au sein des élites qu'auprès de nombreux électeurs. Son idée de justice sociale et d'égalité des chances a fait écho à certaines idées égalitaristes plus anciennes. C'est par ce chemin que la marchandisation du monde a pu être conçue et défendue comme un « progressisme » par les partisans d'Emmanuel Macron ; le « progressisme » étant, si l'on en croit les jeunes conseillers du prince, la « maximisation des possibles[34] ». Mais le possible n'est pas le réel. Et le possible d'un individu isolé est sans doute bien différent de celui d'un individu luttant collectivement pour la valorisation de son travail. Mais, ici, le rôle de l'État se réduit à donner

---

32 Friedrich VON HAYEK, *The Constitution of Liberty*, Routledge, Londres, 2011, p. 58.

33 « Ce dont l'Amérique a besoin, ce n'est pas plus de transferts sociaux [*welfare*], mais plus d'incitation au travail [*workfare*]. » Ce discours de Richard Nixon du 8 août 1970 pourrait être une des premières dates de naissance du néolibéralisme. Il contient les principaux thèmes sociaux de ce courant développés jusqu'à nos jours : incitation au travail, formation et adaptation au marché.

34 David AMIEL et Ismaël EMELIEN, *Le progrès ne tombe pas du ciel. Manifeste*, Fayard, Paris, 2019.

la possibilité de se vendre sur un marché. Le social est un moyen *a minima*, ce n'est pas un but, ni un objet de lutte.

Le mythe de l'économie sociale de marché

La justice sociale est donc uniquement une justice de possibilités. La redistribution doit être minimale, limitée à ce qui peut donner cette capacité à se vendre. Elle doit d'autant plus être réduite que les impôts et cotisations doivent être bas pour parvenir à attirer les capitaux dans le cadre de la compétition internationale. Le projet néolibéral est le suivant : construire la compétitivité par la soumission du travail, puis espérer une redistribution des profits par le marché. C'est sur ce socle qu'a été construite l'idée de l'« économie sociale de marché ».

Cette notion a été fondée dans les années 1950 par le ministre de l'Économie de la République fédérale d'Allemagne, le chrétien-démocrate Ludwig Erhard. Disciple de l'école ordolibérale, version allemande du néolibéralisme, ce dernier avait pour but d'empêcher la diffusion d'une politique keynésienne dans son pays, à l'image de ce qui se faisait alors au Royaume-Uni ou en France. L'école ordolibérale revendique une économie de marché permettant la « prospérité pour tous » (c'est le titre de son livre-programme paru en 1957), mais cette prospérité est apportée par le marché et par la soumission des partenaires sociaux à la loi de ce dernier. « Les hommes ont pu parvenir à diviser l'atome, mais ils ne parviendront jamais à sortir de cette loi économique que l'on ne peut partager que ce que l'on peut produire », selon Ludwig Erhard[35]. Toute hausse des salaires déterminée par un rapport de forces construit par les travailleurs, ou par des

35 Ludwig Erhard, *Wohlstand für Alle*, Econ-Verlag, Düsseldorf, 1957, p. 220.

redistributions sociales excessives de l'État, conduit forcément à l'inflation, donc à la destruction de l'économie de marché. L'économie sociale de marché place la redistribution sociale dans le cadre de la loi du marché. Elle donne la priorité à la production et oblige les syndicats à adopter la logique de l'offre. Elle intègre donc le travail dans l'offre et soumet son prix à l'équilibre du marché. Une logique profondément néolibérale.

Le terme est cependant bien trouvé. Une partie de la gauche l'a rapidement repris à son compte, en prétendant y voir une forme sociale d'économie de marché, une forme de consensus entre le travail et le capital, alors qu'il ne s'agit nullement d'un compromis. Mais le leurre a si bien fonctionné que, créé par un ordolibéral démocrate-chrétien, il est devenu l'étendard des gauches social-démocrates européennes et le rêve de plusieurs socialistes et « progressistes » français.

Il faut bien comprendre comment s'opère cette redistribution sociale : elle s'appuie sur l'inflation faible. Pour Ludwig Erhard, c'est la clé de voûte de cet ensemble : avec une inflation faible, les revendications salariales sont faibles également, la compétitivité est assurée et le capital protégé car les créances perdent de la valeur avec la hausse des prix. Et la clé de l'inflation faible, c'est la concurrence pure et parfaite et le retrait de l'État de la politique monétaire. Cette vision ne vient pas de nulle part. Ludwig Erhard est le représentant de cette élite allemande, obsédée par l'hyperinflation des années 1922-1923. Cette période est considérée outre-Rhin comme étant le creuset de tous les maux, à commencer par l'avènement du nazisme. Pourtant, c'est plutôt la politique de déflation et d'austérité du chancelier modéré Heinrich Brüning qui, entre 1930 et 1932, a conduit à l'explosion du chômage et, entre autres, à la montée du national-socialisme. L'historien Frederick Taylor l'a montré : cette hyperinflation, qui a ruiné une partie de la bourgeoisie intellectuelle

(*Bildungsbürgertum*) allemande, a été construite comme un drame fondateur par cette même classe qui, après la guerre, a accédé au pouvoir. « L'expérience de l'inflation, qui a été sévère mais plus ou moins supportable pour la plupart, sinon la majorité, des Allemands, a été transformée en un consensus unique d'une catastrophe universelle[36]. » Ludwig Erhard en est le représentant. Cette vision, isolée pendant plusieurs décennies, s'est répandue dans les années 1970 en réponse à l'inflation. Ce n'est pas un hasard si le « choc Volcker » a redonné naissance au paradigme néolibéral : en juin 1981, le président de la Réserve fédérale états-unienne Paul Volcker, disciple de Milton Friedman, décide de relever brutalement les taux directeurs de 9 % à 19 % pour stopper l'inflation. Il s'ensuit un ralentissement durable de la hausse des prix, mais aussi de la croissance. Dix ans plus tard, le traité de Maastricht inscrit cette obsession allemande au-dessus du berceau de l'euro, alors que la plupart des banques centrales font de l'inflation faible un point cardinal de leur politique[37].

Cette politique d'inflation faible a largement été perçue comme un bienfait par les opinions publiques et les dirigeants traumatisés par l'inflation des années 1970. Ce qui a contribué à faire accepter le néolibéralisme et la mondialisation des échanges. Mais elle a un revers : celui de favoriser le capital sur un travail, devenu une variable d'ajustement. Dès lors, le dilemme pour les salariés a été simple : accepter des emplois à faible rémunération ou subir le chômage. La fonction du syndicat dans un tel régime revient alors à convaincre les salariés de jouer pleinement le jeu du marché en acceptant la première option, au nom de la « réalité de la concurrence ». C'est bien ainsi que Ludwig Erhard concevait l'« économie

36 Frederick Taylor, *The Dowfall of Money*, Bloomsbury, Londres, 2013, p. 358.

37 La période allant de 1985 à 2008 a été appelée la « grande modération » par les économistes en raison de la persistance de la faible inflation.

sociale de marché ». Et c'est bien ce que la plupart des sociaux-démocrates ont accepté dans les années 1990.

Un régime d'inégalités

Quel est le bilan du néolibéralisme ? Ses défenseurs ne tarissent pas d'éloges à son sujet : retour de la croissance, émergence d'une nouvelle révolution technologique et recul de la pauvreté comme jamais, grâce à la mondialisation. Néanmoins, cette vision idyllique est très contestable : la financiarisation de l'économie a pu donner l'illusion de la croissance, mais le rythme de cette dernière en France, comme au niveau mondial, n'a cessé de ralentir depuis les années 1970. Du reste, ce ralentissement reflète celui de la croissance de la productivité, c'est-à-dire de la capacité de produire davantage de biens et services pour un même temps de travail. La révolution technologique des années 1990-2000, à la différence de ce qui s'est produit avec la vapeur au début du XIXe siècle, ou avec l'électricité au début du XXe siècle, n'a pas accéléré la productivité et l'a au contraire ralentie.

Dans son ouvrage, Mariana Mazzucato explique combien la création de valeur est devenue de fait de l'« extraction de valeur[38] ». Les salariés ou encore l'État, en grande partie à l'origine de la vraie création de valeur, ont de plus en plus été lésés du partage de la richesse créée par la logique actionnariale et financière. Parallèlement, la finance s'est imposée comme une activité de plus en plus autonome, créant grâce à de nouvelles technologies et de nouveaux produits (trading haute fréquence ou algorithmique) de la valeur à partir d'elle-même, et finançant de moins en moins d'activités productives[39]. Et, on l'a vu, la plupart des activités

38 Mariana MAZZUCATO, *op. cit.*, p. 189-206.

39 Lire à ce sujet : Thierry PHILIPPONNAT, *Le Capital de l'abondance à l'utilité*, Rue de l'Échiquier, Paris, 2017.

industrielles tendent à se financiariser en se concentrant sur leur valeur de marché. Les multinationales, devenues les donneurs d'ordre de l'économie mondialisée, investissent de moins en moins pour servir de plus en plus les marchés.

Tout ceci affaiblit l'économie réelle, qui en est réduite à avoir recours à l'endettement. L'ère néolibérale est celle de la dette, publique mais surtout privée, parce qu'elle est l'ère où l'extraction massive de valeur réduit les capacités de dépenses de l'État, des ménages et des entreprises du bas de la chaîne de production. Pour assurer le fonctionnement des services publics, produire, consommer ou acheter un bien immobilier, il faut s'endetter, c'est-à-dire gager ses revenus futurs. Comme le système ne peut souvent pas assurer une croissance suffisante de ces revenus, alors vient le moment où l'écart doit être comblé. Les crises technologiques et financières de 2000-2001, puis de 2007-2008, sont les symptômes d'une économie qui réalise une sorte de cavalerie financière permanente, alors même qu'elle est de moins en moins capable de créer de la valeur. La faiblesse du désendettement mondial depuis la crise de 2008 montre combien ce phénomène perdure.

En même temps, l'État néolibéral est un État de plus en plus faible. Les baisses d'impôts et les privatisations justifiées par la politique de l'offre et la concurrence internationale pour attirer les capitaux conduisent à réduire ses moyens d'action, puisque la croissance est insuffisante. Il faut alors s'endetter auprès des marchés financiers qui, comme pour le privé, réclament des gages pour emprunter : la pression s'exerce encore pour privatiser et couper dans les investissements publics et les dépenses sociales. Cela réduit l'efficacité de l'État et permet de justifier l'avancée de la marchandisation de l'économie. Et, lorsque surviennent les crises, l'État doit sauvegarder les systèmes financiers et encore s'endetter davantage, quitte à engager par la suite des cures d'austérité. C'est ce qui s'est passé après 2008, lorsque les garanties massives accordées au système financier ont débouché, en 2010 en Europe, sur une politique d'austérité massive et inédite depuis les années 1930.

Les ménages sont souvent ceux qui subissent le coût de ces politiques. La financiarisation de l'économie et la pression sur le travail ont abouti à une immense explosion des inégalités dans les pays occidentaux. Tout dans la doctrine néolibérale conduit à aggraver les inégalités. La réduction de la redistribution sociale y est à la fois une nécessité doctrinaire, puisqu'elle brouillerait et empêcherait la « justice » du verdict du marché, et une nécessité pratique, pour permettre la concurrence internationale des capitaux. En outre, cette liberté a un autre impact : celui de favoriser les détenteurs de capitaux, autrement dit, et très largement, les plus riches. Parallèlement, la libéralisation du marché du travail a provoqué une pression sur les salaires des travailleurs les moins productifs et les plus soumis à la concurrence, ainsi que sur le temps de travail. À l'inverse, les salaires des services financiers ou de la bureaucratie d'entreprise ont explosé en raison de l'extraction de valeur de ces activités. Enfin, l'affaiblissement des syndicats par l'individualisation des rémunérations a conduit à un affaiblissement général des revenus du travail. Aux États-Unis, selon une étude de 2018 du Pew Research, le salaire moyen réel de juillet 2018, corrigé des effets de l'inflation, était inférieur de près de 5 % à celui de janvier 1973. Mais ce chiffre cache de fortes disparités : les salaires les plus élevés n'ont cessé d'augmenter, tandis que les plus faibles ont perdu du pouvoir d'achat. C'est évidemment le coût de la « justice du marché » : les travailleurs les plus compétents, les plus productifs et les plus innovants tirent leur épingle du jeu ; les plus fragiles subissent de plein fouet les effets de la concurrence.

Des années 1980 aux années 2000, une « théorie » a été fort à la mode : celle du « ruissellement[40] ». Elle prétendait que la réduction de la redistribution en faveur des plus riches finirait par profiter aux plus modestes *via* leur consommation. Cette idée, depuis disqualifiée, y compris par des chercheurs du FMI[41], n'est que la version dégradée de la pensée néolibérale. Cette dernière défend l'idée que la liberté de circulation des capitaux et leur défiscalisation favorisent en retour l'investissement et l'emploi. Toutefois cette version revisitée, à la base de la politique fiscale d'Emmanuel Macron en 2018, ne s'est pas davantage réalisée. Les emplois créés sont souvent de mauvaise qualité, mal payés, à temps partiel ou précaires, tandis que, depuis quatre décennies, la croissance de la productivité du travail ne cesse de se réduire, aggravant encore la pression sur les salaires. La finance étant devenue un pôle d'attraction majeur des capitaux, l'économie en est profondément modifiée : l'épargne n'est plus égale à l'investissement dans l'économie réelle[42], et la productivité, donc la valeur du travail, s'en ressent vivement. Cette forme d'évaporation renforce le caractère inégalitaire de l'effet de la politique néolibérale en survalorisant les capitaux et en exerçant une pression croissante sur le travail.

Le néolibéralisme est une machine à creuser les inégalités qui ont explosé depuis trente ans dans les pays avancés, à l'exception de la France (l'on verra pour quelles raisons). Ce phénomène, devenu depuis une vingtaine d'années un sujet d'étude majeur en économie, est palpable y compris dans des pays *a priori* très inégalitaires tels que la Suède. En 2017,

---

40 Pour une déconstruction complète de ce mythe, lire : Arnaud Parienty, *Le Mythe de la théorie du ruissellement*, La Découverte, Paris, 2019.

41 FMI, « Causes and consequences of income inequality : a global perspective », 15 juin 2015.

42 Sur le lien entre financiarisation et inégalités, lire : Gaël Giraud, *L'Illusion financière. Des subprimes à la transition écologique*, Éditions de l'Atelier, Paris, 2012.

le FMI a même dû défendre l'idée qu'un cercle vicieux pourrait se mettre en place[43] : plus d'inégalités réduiraient la productivité générale de l'économie et donc la croissance. La promesse de l'égalité devant les « possibilités » n'est pas en mesure de compenser un tel mouvement, parce que ce ne sont que des mots. La réalité, celle qui est mesurable, est que la marchandisation du travail affaiblit les couches les plus vulnérables au profit des détenteurs du capital, les couches les plus aisées. Plutôt que la montée en compétences, les travailleurs ont la précarité ; plutôt que la sécurité, ils ont la pression d'une gestion autoritaire des entreprises renforcée par la flexibilisation des contrats de travail ; plutôt que la réalisation de leurs rêves, ils ont des salaires qui leur offrent de moins en moins de possibilités réelles.

Certes, la mondialisation a conduit à sortir de la pauvreté des millions de personnes dans les pays en développement[44]. Le néolibéralisme est rétif à l'extrême pauvreté, mais cette sortie de la pauvreté a été faite à un prix élevé pour les populations des pays avancés. Dans son ouvrage de référence sur les inégalités mondiales[45], l'économiste Branko Milanović confirme que la mondialisation néolibérale a fait deux types de perdants : les plus pauvres au niveau mondial et les plus pauvres dans les pays avancés. Parallèlement, il identifie deux types de gagnants : les plus riches au niveau mondial et les « classes moyennes » des pays émergents. Mais le niveau de vie de ces dernières demeure éloigné de celui des plus pauvres des pays précocement industrialisés. Du reste, dans ces pays, l'insatisfaction est aussi à l'ordre

43 FMI, « Growth that reaches everyone : facts, factors, tools », 20 septembre 2017.

44 Il existe un débat sur la réalité de cette baisse de la pauvreté et sur ses causes. Lire à ce sujet : Jason HICKEL, *The Divide. A Brief Guide to Global Inequality and its Solutions*, Random House, Londres, 2017.

45 Branko MILANOVIĆ, *Inégalités mondiales. Le destin des classes moyennes, les ultra-riches et l'égalité des chances*, La Découverte, Paris, 2019.

du jour. L'augmentation des revenus monétaires ne doit pas faire oublier les conditions de travail dans l'industrie des pays émergents, qui donnent lieu à des conflits sociaux peu visibles en Occident mais souvent très durs[46]. Enfin, si dans l'ensemble les inégalités mondiales se réduisent, elles augmentent dans la plupart des pays, surtout dans les pays du « Nord ». Partout, ce sont les plus riches qui ont gagné. Au-delà de l'explosion du nombre de milliardaires, l'état des inégalités dans les pays les plus avancés dans la stratégie néolibérale ne peut tromper. Les travaux de l'économiste français Gabriel Zucman[47] l'ont fortement documenté. Aux États-Unis, les inégalités sont revenues à des niveaux proches de ceux d'avant 1929. Conséquence inéluctable du désarmement du travail face au capital.

Le néolibéralisme a réussi ce pour quoi il a été construit : rétablir l'accumulation du capital, servir la classe qui le détient. Les promesses de justice et de liberté par le marché ont plutôt débouché sur la constitution de nouveaux oligopoles géants, dont les tendances inflationnistes ont été compensées par la mise sous pression des salaires dans la concurrence internationale et la dérégulation des marchés du travail. C'est ce projet, avec ces mêmes promesses, qu'Emmanuel Macron porte désormais avec violence dans une France qui, pendant longtemps, a résisté à cette tendance autant qu'elle a pu.

46 Selon l'ONG China Labour Bulletin, qui réalise la collecte des informations sur le sujet, plus de 1 700 « incidents » liés à des conflits sociaux ont été identifiés en Chine en 2018, souvent des grèves réprimées sévèrement par Pékin. Par ailleurs, en janvier 2019, l'industrie textile du Bangladesh a été marquée par une grève pour demander des hausses de salaires regroupant 50 000 personnes, donnant lieu à une forte répression policière et au licenciement de 5 000 salariés.

47 https://www.nber.org/papers/w25462

2

Le capitalisme français dans l'ère néolibérale

Le paradigme néolibéral s'est répandu un peu partout dans le monde, s'adaptant chaque fois à la réalité de l'économie régionale ou nationale. Dans les pays anglo-saxons, la destruction du paradigme keynésien a été facilitée par le contexte culturel et institutionnel. En Allemagne, cette évolution est passée par la conversion des syndicats, aidée par la conversion de la social-démocratie, qui ont, dans les années 1990, adopté le discours néolibéral du patronat, notamment sous les menaces de délocalisations industrielles massives, pour accepter d'abord la modération salariale, puis les réformes Hartz[1]. En Europe du Sud ou en Amérique latine, ce sont les crises qui ont permis d'imposer le retrait de l'État social au profit d'un État de type néolibéral. Ces circonstances ont déterminé des formes de néolibéralismes originales, où les institutions héritées du système keynésien

1 Les lois Hartz, votées en Allemagne en 2003 et 2004, ont flexibilisé le marché du travail. La loi Hartz IV a réduit à un an (et non plus deux) la durée d'indemnisation du chômage et instauré une indemnisation minimale au-delà d'un an pour assurer le niveau de vie, moyennant l'obligation d'accepter pratiquement toute offre d'emploi.

ont laissé plus ou moins de place à celles inspirées par le modèle néolibéral. Au Royaume-Uni, le système de santé, la NHS, est ainsi parvenu à résister à la transformation du pays qui a emporté les chemins de fer nationaux. Dans les pays nordiques, des systèmes de protection sociale encore généreux se sont intégrés à une forte flexibilisation du marché du travail et à une privatisation de nombreux services publics. Il y a donc bien *des* néolibéralismes, mais les partisans de ce paradigme, à l'exemple d'Emmanuel Macron, défendent l'idée qu'il y aurait *une* réalité à laquelle tous les pays devraient adhérer. C'est logique car le néolibéralisme, dans sa quête d'une meilleure rémunération du capital, cherche toujours à pousser plus loin les réformes pour améliorer le rendement de ce dernier de façon permanente. Cette quête toujours renouvelée vise à atteindre un fonctionnement utopique des marchés.

Dans ce cadre, la France n'apparaît pas comme un cas à part. Elle n'a pas échappé à l'évolution néolibérale mais s'y est adaptée de façon originale en prenant en compte des priorités propres. Pour cette raison, les caractéristiques néolibérales ont dû s'intégrer plus difficilement dans les structures existantes, qui ont peut-être mieux résisté et mieux survécu qu'ailleurs. La libéralisation de l'économie s'est notamment accompagnée du maintien d'un filet de protection sociale et de lutte contre les inégalités. Le système français est donc un système moins « pur » que d'autres ; il paraît ainsi plus complexe et plus équilibré. En réalité, il s'agit davantage d'un système hybride où le néolibéralisme n'a pas eu le même effet de « rouleau compresseur » qu'ailleurs, mais où se sont mis en place des systèmes de compensations sociales et où les réformes ont été moins franches. Ce système a permis, cas relativement unique dans les pays occidentaux, aux inégalités de ne pas se creuser durant la crise. Aujourd'hui, ce système est la cible de la nouvelle vague néolibérale qui s'abat sur le pays.

L'inachevée conversion au néolibéralisme

La France, l'autre patrie du néolibéralisme

Ce n'est pas un hasard si la conférence en honneur de Walter Lippmann, acte de naissance du néolibéralisme, moment où la pensée néolibérale est réellement devenue publique, s'est tenue à Paris en août 1938. Les élites économiques françaises, longtemps tenantes du libéralisme classique le plus strict, et quoique rassurées après le premier conflit mondial par la crise du cartel des gauches et le retour du très orthodoxe Raymond Poincaré aux affaires (1926), sont restées profondément traumatisées par la crise de 1929. La pensée néolibérale leur est alors apparue comme une ouverture. Le philosophe d'extrême droite Louis Rougier, représentant de la détestation profonde du Front populaire portée par les élites économiques et intellectuelles françaises[2], est subjugué par l'ouvrage de Walter Lippmann, *La Cité libre*[3] *(The Good Society)*, esquisse d'un nouveau libéralisme prenant en compte l'échec du laisser-faire et l'obligation de s'appuyer sur l'État. Il lance l'idée d'une conférence pour « conduire une croisade internationale en faveur d'un libéralisme constructif[4] ». L'assemblée de ce colloque est ainsi constituée des futurs « maîtres » (Friedrich von Hayek, Ludwig von Mises, Wilhelm Röpke) mais aussi de nombreux universitaires, patrons ou économistes français. Ces derniers cherchent une voie pour sortir de l'évolution inquiétante du

2 François DENORD, *Le Néolibéralisme à la française*, Agone, Marseille, 2016, p. 124-128.

3 Walter LIPPMANN, *La Cité libre*, Les Belles Lettres, Paris, 2011.

4 François DENORD, *op. cit.*, p. 145.

capitalisme français après les grandes grèves de juin 1936 et les accords de Matignon, qui scellent une victoire quasi inédite du monde du travail dans l'Hexagone.

À la Libération, le courant néolibéraliste est fortement heurté par l'ère du temps, avec l'affaiblissement de la classe patronale française qui souvent s'est compromise dans la collaboration, et une franche progression des partis de gauche (PCF et SFIO) et des syndicats dans l'opinion. Pourtant, le néolibéralisme français reste vivace sur le plan intellectuel, porté par quelques figures emblématiques telles que l'économiste et ancien haut fonctionnaire Jacques Rueff, ancien conseiller de Raymond Poincaré, un des adversaires les plus convaincus de la pensée keynésienne après la guerre. En 1951, la section française de la société du Mont-Pèlerin, qui regroupe les partisans de la rénovation du libéralisme, est même la deuxième par le nombre en Europe, avec 18 membres[5]. Elle bénéficie d'un soutien financier du Conseil national du patronat français (CNPF), créé en décembre 1945 et ancêtre du MEDEF.

Conjointement, le courant dit des « modernisateurs » se développe dans les années 1950-1960, inspiré du néolibéralisme. Il était apparu dans les années 1930 en réaction à la crise et à l'échec du libéralisme classique, plutôt parmi les hauts fonctionnaires qui évoluent autour d'André Tardieu, conservateur et président du conseil trois fois entre 1929 et 1932. Fasciné par les États-Unis, Tardieu estime que la France est économiquement arriérée et entend favoriser l'investissement public et privé. Les « modernistes » sont des « technocrates » qui misent sur la capacité de l'État à organiser l'économie.

En réalité, ce courant a des racines qui remontent au XIXe siècle ; c'est l'influence saint-simonienne. Ce courant

---

5 *Ibid.*, p. 281.

utopiste fondé par Claude-Henri de Rouvroy de Saint-Simon (1760-1825) promeut l'harmonie de la société par un gouvernement des compétences, donc des experts, qui mènera à la prospérité. Le développement de l'industrie joue un rôle clé dans la pensée de Saint-Simon, qui estime que celle-ci permet d'enrichir la société et d'assurer le bonheur de tous : « Faites faire par les savants, les artistes et les industriels un plan général de travaux à exécuter pour rendre la possession territoriale de l'espèce humaine la plus productive possible et la plus agréable à vivre. La masse immense des travaux que vous déterminerez sur-le-champ contribuera plus efficacement à l'amélioration du sort de la classe pauvre que ne pourraient le faire les aumônes les plus abondantes, et, par ce moyen, les riches, loin de s'appauvrir par des sacrifices pécuniaires, s'enrichiront en même temps que les pauvres[6]. »

Dans les années 1840, une partie des disciples de Saint-Simon abandonnent les aspects les plus socialistes et mystiques de la pensée du maître pour l'intégrer dans le capitalisme de l'époque et ne garder que l'idée que le développement industriel et la croissance assureront la paix sociale par l'enrichissement de tous. Selon eux, la priorité doit être donnée à la modernisation industrielle par le crédit public et privé, par la collaboration de l'État et des banques. Les grands banquiers de la monarchie de Juillet et du Second Empire, comme les frères Pereire, qui financent les travaux de Haussmann et plusieurs lignes des chemins de fer français, sont influencés par cette idée qui va durablement marquer le capitalisme français. Un siècle plus tard, les « modernisateurs » des années 1930 retrouvent cette idée centrale du saint-simonisme face au risque révolutionnaire et fasciste qu'ils remettent au goût du jour.

6 Claude-Henri de Saint-Simon, *Le Nouveau Catéchisme, in Œuvres Complètes*, Presses universitaires de France, Paris, 2012, t. IV, p. 3206.

Comme les saint-simoniens, dont certains demeureront socialistes, les « modernisateurs » seront divisés. Certains vont longtemps demeurer éloignés du néolibéralisme, considérant que la modernisation passe plutôt par une vaste planification et un contrôle étroit de l'économie par l'État. Beaucoup d'autres se montrent très intéressés par ce qui les rapproche du néolibéralisme : croyance dans la justice de la concurrence encadrée, défiance envers les protections et la démocratie, « rationalisation » de l'État et nécessité de dépasser la lutte de classes par la croissance.

Dans les années 1950 et 1960, les grandes écoles françaises sont le creuset du modernisme qui exerce une large influence sur la politique. Le modernisme de gauche triomphe brièvement avec le gouvernement de Pierre Mendès France en 1954. Néanmoins, ce courant devient de plus en plus méfiant vis-à-vis du système social issu du Conseil national de la Résistance (CNR), que l'on juge bientôt comme un poids pour la France. Les modernistes de gauche se méfient aussi des politiques, considérés bien trop sensibles aux vœux de leurs électeurs et bien trop tentés de se perdre dans des querelles byzantines, quand il faudrait surtout écouter les experts sur les questions économiques[7]. Progressivement, la tendance néolibérale du modernisme commence à gagner du terrain.

Naturellement, modernistes et néolibéraux vont peser sur les choix politiques français pendant les Trente Glorieuses. La politique économique de la France, notamment après l'arrivée au pouvoir de Charles de Gaulle en 1958, est fortement influencée par ces deux mouvements de pensée qui convergent et se rapprochent dans la pratique du pouvoir. Au point qu'on a pu dire que le gaullisme pouvait s'apparenter à un « ordre néolibéral[8] ».

---

7 Bruno Amable et Stefano Palombarini, *op. cit.*, p. 70-75.

8 R. Kuisel, *Le Capitalisme et l'État en France*, Gallimard, Paris, 1984.

Au regard de ce qu'est devenu le néolibéralisme après les années 1970, ce propos est sans doute exagéré. Mais, dans l'optique des années 1960, il ne l'est guère. Si le paradigme dominant du monde économique est alors fordiste-keynésien, la France a emprunté une voie originale, comme a pu le faire l'Allemagne, d'une autre façon. Entre 1944 et 1946, avec le programme du CNR et l'affaiblissement d'une bourgeoisie française largement discréditée par la crise, la défaite et la collaboration, la France se dote d'un État social puissant et largement redistributeur. Mais, durant la période gaulliste, cet État social est en permanence modifié dans le sens néolibéral.

À son retour au pouvoir, Charles de Gaulle nomme Jacques Rueff, haute figure du néolibéralisme, à la tête d'un comité d'experts chargé d'établir un « plan d'assainissement à long terme » des finances publiques et de l'État. Ce « plan Pinay-Rueff » présente un réel tournant : libéralisation massive des échanges par l'ouverture à la concurrence internationale ; pour combattre l'inflation, mise en place du « nouveau franc » qui devra être plus stable que l'ancien ; nombreuses mesures d'austérité budgétaire. En 1963, un second « plan de stabilisation », proposé par le ministre des Finances Valéry Giscard d'Estaing, un moderniste issu de Polytechnique, libéralise encore davantage l'économie.

L'ambition de Jacques Rueff est de mettre à bas les réformes imposées par la gauche en 1944-1946. Il l'inscrit noir sur blanc dans un autre rapport rédigé en 1959 avec le patron de la SNCF Louis Armand. Il y établit le catalogue des « rigidités » de l'économie française que le gouvernement devrait lever[9]. Cette fois, il échoue. Le modèle français issu de l'après-guerre résiste et continue d'assurer une forte redistribution des revenus ainsi qu'une protection sociale solide. La

9 François Denord, *op. cit.*, p. 317-318.

lutte syndicale dans les entreprises et la montée des contestations de la société capitaliste qui aboutit à Mai 68 obligent les dirigeants français à conserver ces contrepoids en faveur du travail. Le rapport Rueff-Armand reste donc dans les placards de la rue de Rivoli, siège du ministère des Finances.

Le gaullisme s'avère un régime ambigu en termes économiques, portant d'un côté un rêve néolibéral d'équilibre et de stabilité des marchés et, de l'autre, la nécessité d'assurer la paix sociale par une redistribution forte. Cette ambiguïté tient beaucoup à l'époque : la nécessité de soutenir la demande, le besoin de main-d'œuvre et le rapport de forces au sein des entreprises et de la société contraignent des dirigeants politiques à modérer les ardeurs des modernisateurs et des néolibéraux. Dans les années 1960, l'économie française est donc déjà dirigée par des néolibéraux, mais elle continue d'évoluer dans le paradigme dominant du fordiste-keynésien.

Ce paradigme est d'autant plus fort en France que ce pays, à la différence de l'Allemagne mais à l'image du Royaume-Uni, a fondé dans l'immédiat après-guerre un puissant État-providence. Un État associé à un système de négociation paritaire du système social et à une forte culture de lutte sociale. Du point de vue des élites néolibérales et modernistes, cette construction est une aberration qu'il faut corriger. Comme ils ne peuvent l'effacer, ils essayent en permanence de proposer des corrections ou d'exiger des concessions au système existant, notamment par l'imposition d'un cadre financier rigide et d'une ouverture du pays à la concurrence, avec le marché commun européen qui devient en 1968 une union douanière.

Ainsi, lorsque l'ordre mondial fordiste-keynésien entre en crise au début des années 1970, avec notamment les chocs pétroliers et les désordres monétaires qui ont suivi la fin du système de Bretton Woods, la France dispose d'élites prêtes à faire basculer le pays dans le nouveau modèle néolibéral.

Depuis quinze ans, le rapport Rueff-Armand reste une référence et inspire ceux qui conseillent les politiques pour répondre à la crise. Plus, c'est une « bible », puisque les événements, l'inflation à deux chiffres, le chômage qui réapparaît ou la perte de compétitivité des industries occidentales semblent prouver que la vérité est de leur côté. Du reste, dès le sixième plan de développement économique et social, élaboré en 1970, l'objectif de l'État n'est plus de diriger l'économie, ni même de la « coordonner », mais de réaliser une croissance fondée sur la concurrence et la compétitivité. Ce plan s'inspire explicitement du rapport Rueff-Armand pour « exposer davantage à la concurrence les secteurs abrités » et dégager un « taux de croissance élevé[10] ». Comme le note Bruno Amable, « la diffusion du néolibéralisme en France ne consiste pas à importer une doctrine anglo-saxonne[11] ». C'est une pensée française, portée par des élites françaises qui, en ce début des années 1970, espèrent imposer leurs vues maintenant que le rapport de forces change.

Jusque-là, le néolibéralisme devait trouver sa voie dans le keynésianisme dominant, ses adeptes espéraient désormais que l'obstacle allait tomber. Ils se trompaient, car le gaullisme a tracé une autre voie : celui du modèle hybride. La stratégie d'injection progressive d'éléments néolibéraux dans un système keynésien a montré qu'il était possible de maintenir un équilibre entre les désirs des élites et les exigences populaires. Cette tradition va résister à la vague néolibérale des années 1970 et 1980 en France.

10 Octave Gelinier, « Un comité du plan plaide en faveur d'un taux de croissance élevé », *Le Monde*, 20 janvier 1970.

11 Bruno Amable, *Structural Crisis and Institutional Change in Modern Capitalism : French Capitalism in Transition*, Oxford University Press, Oxford, 2017, p. 71.

L'instauration du néolibéralisme en France

Avec la victoire de Valéry Giscard d'Estaing à la présidentielle de mai 1974, les néolibéraux français accèdent au pouvoir contre les défenseurs de la politique équilibrée gaulliste, incarnée par Jacques Chaban-Delmas. Dans ce duel des droites, les deux modernismes français s'opposent : celui qui tend vers le marché contre celui qui demeure fidèle à l'interventionnisme. Le premier l'emporte grâce à l'image jeune et moderne de son candidat, mais c'est une semi-victoire qu'il ne doit qu'à la trahison de Jacques Chirac, candidat malheureux à la candidature du camp gaulliste. Pour le récompenser et s'assurer de l'adhésion du parti gaulliste au Parlement, Valéry Giscard d'Estaing nomme Jacques Chirac Premier ministre. Or ce dernier n'a pas changé de camp par adhésion aux idées du candidat Giscard, mais par opportunisme politique.

Les deux premières années, la politique économique française est un compromis entre les deux hommes. Le ministre des Finances Jean-Pierre Fourcade présente, en juin 1974, un plan de stabilisation pour ralentir l'inflation qui conduit à une contraction de l'économie. Pour la corriger, Jacques Chirac stimule massivement l'économie par un plan de relance ambitieux en septembre 1975, qui se révèle relativement efficace[12]. Simplement, le président de la République n'apprécie guère cette stratégie. Pour lui, la priorité doit être donnée à la lutte contre l'inflation qui dépasse alors 9,5 % par an. Il entend donc reprendre la main sur la politique économique et imposer cette nouvelle priorité. En 1976, il publie *Démocratie française*[13], une profes-

12 En 1975, la contraction du PIB français est de 1 %, mais, en 1976, le rebond atteint 4,4 %. Des niveaux proches de ceux de l'Allemagne (– 0,9 % en 1975 et + 4,9 % en 1976).

13 Valéry Giscard d'Estaing, *Démocratie française*, Fayard, Paris, 1976.

sion de foi néolibérale, et annonce un changement de cap : l'État y est considéré comme une institution organisatrice de la concurrence, pierre sur laquelle la future croissance française devra se fonder. Pour cela, il faut en finir avec les multiples protections issues de l'après-guerre[14]. Le rapport Rueff-Armand est sorti de son placard.

À l'été 1976, Jacques Chirac quitte Matignon, remplacé par l'économiste Raymond Barre, traducteur de Hayek, également en charge de l'Économie et des Finances. Sa nomination marque un tournant clair dans la politique économique française. Et, de fait, le « plan Barre » du 22 septembre 1976 rompt avec le keynésianisme de son prédécesseur. Conformément à la doctrine présidentielle, la priorité n'est plus au plein-emploi mais à la lutte contre l'inflation. La stabilisation des prix doit être assurée par le rétablissement des mécanismes concurrentiels. Le contrôle des prix est progressivement levé, les entreprises publiques sont priées de se conformer aux grands équilibres financiers, les chômeurs incités à créer leurs propres entreprises. Raymond Barre et Valéry Giscard d'Estaing espèrent que l'ambiance de crise qui entoure alors l'Occident va permettre de faire accepter ce tournant (qui a lieu avant les grands tournants britannique et états-unien). Les élites néolibérales françaises, convaincues depuis longtemps, passent à l'offensive.

La manœuvre ne prend guère. Cette politique déflationniste fait exploser le chômage, dont le taux grimpe de 3,8 % en 1976 à 6 % en 1981 ; les fermetures d'entreprises industrielles se multiplient. La restructuration de la sidérurgie par l'État en 1979 détruit plus de 16 000 emplois directs et provoque de massives manifestations. L'inflation, l'objectif premier du gouvernement Barre, après avoir

14 Bruno AMABLE, *op. cit.*, p. 74.

reculé légèrement sous les 9 % en 1977, repasse en 1979 au-dessus des 10 %, atteignant même le record de 13,6 % en 1980 (du jamais vu depuis 1958 et un record depuis lors) dans la foulée du deuxième choc pétrolier. Des prix qui s'envolent et une croissance faible (1,4 % en 1980) : la politique économique de Raymond Barre ne peut guère compter sur un soutien populaire. Aux élections législatives de 1978, la gauche progresse fortement et le parti présidentiel, l'UDF, arrive en troisième position et ne conserve que de peu la majorité grâce au bon score des gaullistes du RPR. Or ces derniers, menés par un Chirac revanchard, ne cessent de critiquer le libéralisme du gouvernement et appellent à la relance.

Cette première tentative de conversion de la France au néolibéralisme annonce un mécanisme qui va marquer les prochaines décennies : des élites convaincues d'avoir raison tentant d'imposer à un peuple sceptique les recettes du nouveau paradigme. Mais, à l'époque, il existe encore une alternative claire. La gauche, quoique officiellement désunie depuis l'échec du « programme commun » en 1977, propose une politique différente : les « modernisateurs » du Parti socialiste, devenu en 1978 la première force de gauche, ne sont pas encore officiellement sur le papier convertis au néolibéralisme. Ils entendent au contraire renforcer la structure productive française par la planification et l'action directe de l'État. À cela s'ajoute une stratégie de type keynésien plaçant le plein-emploi au centre des préoccupations par une relance de la demande. Le 10 mai 1981, le rejet de la politique néolibérale de Raymond Barre se traduit logiquement par l'élection du candidat socialiste François Mitterrand avec 51,8 % des voix, et la complicité implicite de Jacques Chirac.

Installée au pouvoir, la gauche tente d'appliquer en 1981-1983, et surtout au cours de la première année, sa politique alternative. Les nationalisations des grandes banques et des grandes entreprises industrielles s'accompagnent d'une politique de soutien de la demande par l'élargissement des droits sociaux (cinquième semaine de congés payés, lois Auroux sur les comités d'entreprise) et le soutien aux salaires (le SMIC est relevé de 10 % en juin 1981). C'est un abandon complet de la politique menée par Raymond Barre.

Objectivement et avec le recul, cette politique n'a pas été aussi catastrophique qu'on le dit, et l'on verra pourquoi. L'inflation de 1981 est la même qu'en 1980 et ralentit en 1982. La croissance est supérieure en 1981 et 1982 à celles de l'Allemagne et du Royaume-Uni. Le chômage, il est vrai, continue à progresser mais, de fait, au même rythme que sous le gouvernement Barre. Du reste, le plan de relance de la demande n'est pas disproportionné. Il est même plus mesuré que celui de Jacques Chirac en 1975[15]. Globalement, entre 1981 et 1983, la France ne fait pas pire que les grandes économies de l'OCDE, comme le remarque alors l'économiste états-unien Robert Eisner dans un rapport rapidement enterré par Michel Rocard, alors ministre du Plan[16].

Mais il est vrai que le contexte international de cette politique est défavorable. Avec la hausse des taux aux États-Unis (le « choc Volcker[17] ») et les politiques de compression des salaires menées au Royaume-Uni et en Allemagne, la demande mondiale est au plus faible. Les capitaux sont

15 Bruno AMABLE, *op. cit.*, p. 103.

16 Benoît COLOMBAT et David SERVENAY, *Histoire secrète du patronat français de 1945 à nos jours*, La Découverte, Paris, 2014 ; et Bruno AMABLE, *op. cit.*, p. 100.

17 Nom donné à la hausse en juin 1981 des taux directeurs de la Fed de 9 % à 19 % décidée par Paul Volcker, président de la Réserve fédérale des États-Unis et adepte du monétarisme de Milton Friedman pour combattre l'inflation. Il s'est ensuivi un ralentissement de l'économie et un flux de capitaux vers les États-Unis.

alors tentés d'aller ailleurs qu'en France, vers des pays qui les protègent et les rémunèrent davantage. En parallèle, comme la France stimule fortement la demande intérieure, les importations augmentent, et le commerce extérieur se détériore. Tout ceci exerce une pression immense sur le franc français. Il faut donc le dévaluer (réduire sa valeur) deux fois face au deutschemark, en 1981 et 1982. La question centrale est désormais de savoir s'il faut ou non demeurer dans le « système monétaire européen » (SME). Ce système, créé en 1979 à partir du « serpent monétaire » de 1973, fixe des variations maximales de 2,25 % entre les monnaies de la Communauté économique européenne (CEE), l'ancêtre de l'UE. Comme le franc avait tendance à se déprécier, il avait tendance à sortir de ces limites. Si on laissait glisser le franc en sortant des limites fixées par le SME, la France pouvait dynamiser ses exportations devenues moins chères et sa politique industrielle au prix d'un surplus d'inflation. Mais le SME, créé en grande partie pour stabiliser la parité franc-mark, était mort. Si l'on faisait le choix inverse et que l'on décidait de sauver le SME, alors il fallait redonner la priorité à la lutte contre l'inflation en revenant aux préceptes de Raymond Barre pour stabiliser la monnaie.

La lutte qui se joue autour de François Mitterrand va avoir des implications majeures. Les « modernisateurs » de la gauche menés par le ministre de l'Économie et des Finances Jacques Delors, un chrétien-social ancien conseiller de Georges Pompidou, et son ministre du Budget, le jeune énarque Laurent Fabius, passent clairement dans le camp néolibéral. Ils revendiquent, comme leurs équivalents de droite, la nécessité de laisser les marchés s'équilibrer et de relancer les profits privés par une politique de libéralisation de l'économie et d'orthodoxie financière du côté de l'État. Les modernisateurs de gauche abandonnent leurs spécificités et se rallient aux idées dominantes des élites françaises.

Pour convaincre le président, ils jouent fortement, et pour la première fois, sur la fibre européenne et sur le risque de mettre à mal la coopération avec l'Allemagne. Cette méthode sera souvent utilisée par la suite. Ils mettent aussi en avant le « réalisme » et la « nécessité » d'une politique néolibérale, alors que les grands pays occidentaux ont choisi une autre voie que la France. En 1985, Jacques Delors pourra écrire que, désormais, « le Français est arraché à ses illusions par des réalités aussi immuables que les étoiles dans la nuit : le marché, l'entreprise, la compétition internationale à laquelle on n'échappe pas[18] ».

Un bilan catastrophique et caricatural de l'expérience de 1981 est alors dressé, et les modernisateurs de la gauche rallient l'hystérie organisée par l'opposition autour d'une supposée faillite du pays. L'idée de relance et de modernisation par l'État est discréditée. François Mitterrand cède sans réellement se forcer. Une inflexion avait commencé à se dessiner en 1982 avec la suppression de l'échelle mobile des salaires (mécanisme d'indexation des salaires sur les prix pour préserver le pouvoir d'achat mis en place en 1952). Le 21 mars 1983, une nouvelle dévaluation est décidée pour maintenir le franc français dans le SME. Quelques jours plus tard est annoncé un « tournant de la rigueur », qui reprend les grandes orientations du plan Barre : la priorité est donnée à la politique de l'offre et à la réduction des déficits publics et extérieurs et de l'inflation. Une politique d'austérité budgétaire est instaurée, tandis que les impôts sur les ménages sont augmentés. Le gouvernement de Laurent Fabius (1984-1986) ouvre la voie à des politiques

18 Jacques DELORS et Philippe ALEXANDRE, *En sortir ou pas*, Grasset, Paris, 1985, p. 69, cité par Bruno AMABLE et Stefano PALOMBARINI, *op. cit.*, p. 83.

de libéralisation, notamment des marchés financiers, tandis que les entreprises publiques sont priées d'entrer dans des logiques de marché, préparant leur privatisation.

Avec ce tournant de 1983, le néolibéralisme n'a plus guère d'opposants dans le jeu politique français. L'alternative de la modernisation de gauche a été balayée par le choix politique du président de la République. Ce dernier a été motivé par trois moyens : une promesse de croissance pour faire face à l'échec de l'alternative (la « nécessité »), un consensus scientifique et politique autour des politiques néolibérales (le « réalisme ») et une supposée pression extérieure des marchés et des institutions internationales (rumeur de l'arrivée du FMI et maintien du SME). À partir de là, la politique française ne se structure plus autour d'un choix entre le néolibéralisme et une alternative, mais entre le choix des moyens d'imposer le néolibéralisme. *De facto*, la démocratie française est limitée, conformément au rêve néolibéral, mais, là encore, la réalité s'annonce un peu différente.

La victoire à la Pyrrhus du néolibéralisme français

Cette victoire éclate avec le succès de la droite aux élections législatives de 1986. Fidèle à son opportunisme, Jacques Chirac, nouveau Premier ministre, s'est converti à un néolibéralisme radical. S'inspirant des figures de Margaret Thatcher et de Ronald Reagan, il promet une « rupture brutale ». Il pense alors s'appuyer sur le développement d'une culture des marchés et de l'argent, qui semble se développer avec la libéralisation du secteur financier et l'émergence de mythes patronaux français autour de *self-made men* tout puissants comme Bernard Tapie. L'affiche de la droite pour les législatives de 1986 présente, sous le slogan « Vivement demain », les leaders du RPR et de l'UDF en manches de chemise et cravate. Une imagerie qui renvoie à la mode du « patron décontracté et plein de réussite ». Toutefois, cette écume spectaculaire va conduire la droite à une forte déception.

L'alliance RPR-UDF mène en effet des réformes tambour battant, modifiant l'économie française de façon inédite. De vastes privatisations sont lancées : on vend la Compagnie générale d'électricité, Suez, Paribas, Matra, Société Générale ou encore Saint-Gobain. Preuve de cette volonté de s'appuyer sur une culture néolibérale en France, les ventes d'actions d'entreprises privatisées font l'objet de publicités alléchantes dignes des produits les plus luxueux, comme celle où l'actrice Catherine Deneuve vante la cession de la Compagnie financière de Suez. Les marchés financiers sont alors complètement dérégulés, tandis que les restes du contrôle des prix et des changes sont abolis. Enfin, l'autorisation administrative de licenciement, instaurée en 1975 par… Jacques Chirac, est supprimée, et on prépare une privatisation du système de retraite.

Jamais sans doute une politique néolibérale n'a été aussi loin en France jusqu'en 2017. Le gouvernement de cohabitation s'est vigoureusement engouffré dans la brèche ouverte par le tournant de 1983 et a tenté un « choc » comparable à celui des gouvernements Thatcher et Reagan. Mais cette offensive s'est fracassée sur une résistance sociale farouche, et s'est révélée politiquement suicidaire. Début 1987, le projet de nouvelle grille salariale à la SNCF est retiré à la suite d'une grève de vingt-neuf jours (18 décembre 1986-15 janvier 1987). Ce recul succède à un autre : celui de la réforme de l'université visant à donner davantage d'autonomie aux établissements. C'est une des obsessions des néolibéraux pour rapprocher les universités des employeurs. Ce projet, présenté en juillet 1986, est abandonné en décembre après une forte mobilisation étudiante qui dégénère en violences et conduit au décès de Malik Oussekine, battu à mort le 7 décembre par une équipe de voltigeurs de la police.

Cette résistance réduit d'autant plus la capacité d'action du gouvernement Chirac que le soutien populaire à son action est faible. La base sociale favorable au choc néolibéral est celle des petits patrons et des hauts revenus[19]. Les employés et cadres moyens du secteur privé sont plus réticents, alors que la droite n'a obtenu que 41 % des voix en 1986. Finalement, à la présidentielle de 1988, les deux candidats de droite, Jacques Chirac et Raymond Barre, ne cumulent que 37 % des voix et ne parviennent pas ensemble à retrouver le score de 1986. Au second tour, François Mitterrand est réélu sur un discours apaisant (« La force tranquille ») avec une large majorité de 54 % des voix.

Cet échec se confirme lorsque la droite revient au pouvoir en 1993. Le nouveau Premier ministre, Édouard Balladur (ministre des Finances de 1986 à 1988), ne parle plus de rupture mais tente de reprendre des pans entiers du programme de 1986 : poursuite des privatisations (notamment des grandes sociétés comme Renault et BNP) et engagement d'une réforme des retraites. Le gouvernement échoue cependant à imposer le contrat d'insertion professionnelle (CIP) qui proposait un « SMIC jeune » pour les moins de vingt-six ans, en raison d'une forte mobilisation des étudiants et des syndicats en mars 1994. Le CIP, créé en 1993, est finalement supprimé.

Cette politique est fortement critiquée par Chirac qui affronte Balladur lors de la présidentielle de mai 1995. Fidèle girouette, il choisit un positionnement de centre gauche autour de la « fracture sociale » provoquée par les politiques néolibérales de son « ami de trente ans ». Ce dernier, éliminé dès le premier tour avec 18,6 % des voix,

19 Bruno Amable, *op. cit.*, p. 126.

marque un nouvel échec électoral pour cette politique économique. Une fois élu, Jacques Chirac tourne le dos à ses engagements et son gouvernement, dirigé par Alain Juppé, lance de nouvelles réformes néolibérales au nom de la « qualification » de la France dans la zone euro en 1999. Les grandes grèves d'ampleur de l'automne 1995 contre le plan Juppé sur les retraites et la Sécurité sociale (24 novembre-15 décembre), dans la fonction publique et le secteur privé, le contraignent cependant à faire marche arrière. Dix-huit mois plus tard, la droite est battue lors des élections législatives, exprimant une nouvelle fois le rejet français du néolibéralisme.

L'expérience de 1986-1988, confirmée par celles de 1993-1995, est une étape fondamentale dans l'histoire récente du pays, qui montre que la victoire du néolibéralisme de 1983 n'est pas une victoire sur le pays, mais une victoire à l'intérieur des élites politiques. L'erreur de Jacques Chirac en 1986 a été de croire qu'il pouvait s'appuyer sur une nouvelle culture et faire table rase du passé, comme Margaret Thatcher outre-Manche. Mais les Français ont montré leur capacité de résistance à la destruction complète de leur modèle social. À la différence de la « Dame de fer » qui a assis son pouvoir en écrasant la grève des mineurs de 1984, les politiques français ne pouvaient gagner à l'issue d'une confrontation frontale avec le monde du travail.

Le néolibéralisme à petits pas

Se dessine une spécificité française : l'insertion dans l'ordre mondial néolibéral n'est pas bloquée mais freinée. Dans les années 1980, la France figure dans une forme d'avant-garde des réformes, mais le mouvement se brise rapidement. Dès que les libéralisations commencent à s'engager sur un terrain qui bouleverse et affaiblit le quotidien des citoyens, notamment le travail, la retraite ou l'université, dès que les mécanismes de redistribution ou de protection issus de l'après-guerre sont concernés, la résistance est forte. Et rien ne semble pouvoir la briser.

En Italie, la pression des marchés financiers après la crise de 1992 et l'enjeu de la « qualification » dans l'euro en 1999 ont pu justifier des mesures d'austérité et de réforme menées par des gouvernements de techniciens « neutres », comme celui du gouverneur de la Banque d'Italie, Carlo Azeglio Ciampi (1993-1994), ou de l'économiste Lamberto Dini (1995-1996). En Suède ou en Finlande, la crise du début des années 1990 a créé un consensus dans l'opinion autour de la nécessité du passage à une politique néolibérale. En Allemagne, les syndicats ont, après la réunification, joué pleinement la politique de l'offre en acceptant dès le milieu des années 1990 une forte modération salariale. Lorsque, en 2003-2005, le gouvernement social-démocrate a lancé des réformes du marché du travail, les oppositions ont certes été vives, et elles ont engagé un effondrement de la SPD, mais elles n'ont pas bénéficié d'un soutien populaire massif ; la base sociale des réformes a été solide. Partout, en ces années 1990, la disparition du système soviétique a conduit à un aggiornamento des forces de gauche et syndicales qui aboutit à une acceptation de l'ordre néolibéral.

En France, aucun de ces arguments n'a été capable d'imposer un agenda néolibéral de grande envergure dans les années 1990 et 2000. Alain Juppé, Premier ministre de 1995 à 1997, a tenté de jouer sur la « qualification » dans l'euro, mais il a vu le mouvement social de 1995 lui barrer la route. La méthode de mars 1983 n'a finalement pu être renouvelée. Quant aux questions de compétitivité et de croissance, elles n'ont jamais été déterminantes dans l'opinion. La lutte syndicale française n'est pas fondée sur un « dialogue social » se soumettant à la nécessité de la maximisation du profit de l'entreprise, comme le préconisent les modernisateurs, elle demeure ancrée dans la compétition entre le travail et le capital. Le contrat de base du néolibéralisme – plus d'inégalités pour plus de profits – semble plus que jamais ne convaincre qu'une minorité de Français.

La France ne sort pas du monde pour autant. Les élites des grands partis restent acquises au néolibéralisme et s'efforcent d'avancer dans ce sens. Simplement, la division entre les dirigeants et la base, et l'impossibilité de faire adopter la « nécessité » des réformes conduisent à une politique plus prudente. À gauche, le gouvernement de Michel Rocard fonde le revenu minimum d'insertion (RMI) dans une optique de *workfare*, mais doit finalement renoncer à cette ambition de la conditionnalité pour accepter d'en faire un instrument de lutte contre la pauvreté. Plus tard, Lionel Jospin tente de faire accepter ses politiques de privatisation et de libéralisation par l'adoption de la réduction du temps de travail et la couverture maladie universelle (CMU). À droite, les gouvernements Raffarin puis Villepin, sous le second quinquennat de Chirac (2002-2007), tentent l'occasion de nouvelles offensives néolibérales, mais elles se font par touches et demeurent limitées. La réforme des retraites, qui implique l'allongement des cotisations, de Jean-Pierre Raffarin et la réforme du marché du travail de François Fillon, qui met en cause la hiérarchie des normes, sont compensées par le maintien d'un niveau de vie élevé pour les retraités et par le maintien des transferts sociaux et des réformes Jospin. Quoique notables, ce ne sont pas des « révolutions » mais plutôt des adaptations. Surtout, elles sont adoptées parce qu'elles ne font pas l'objet d'une résistance forte. Lorsque la résistance est forte, comme lors du projet de contrat première embauche (CPE), qui relance l'idée d'un salaire minimum pour les jeunes, le gouvernement doit faire marche arrière. La forte mobilisation des étudiants contre le CPE, au printemps 2006, conduit Dominique de Villepin à annoncer son abandon, comme pour le CIP en 1994. Ce combat, qui marque une génération, souligne encore les limites de l'acceptation du néolibéralisme par la société française.

Pour avancer, le néolibéralisme français doit trouver sa place dans l'existant, se modeler sur les limites fixées par la tolérance de la population et accepter d'offrir des compensations. Ces pratiques vont donner naissance à un modèle hybride, qui conserve, à la grande différence de plusieurs de ses voisins, un large système de protection sociale et de redistribution. Un capitalisme qui est le fruit d'un compromis et d'une adaptation aux circonstances, mais qui apparaît fortement discrédité aux yeux des élites néolibérales, obsédées par toute forme « impure », qui est une trahison envers la vérité scientifique.

Les origines de l'exception française

Avant de poursuivre sur cette campagne néolibérale contre la France, il faut essayer de comprendre pourquoi le pays a développé un tel modèle, moins libéralisé, moins ouvert que d'autres, mais plus équilibré et privilégiant davantage la redistribution, la protection et la lutte contre les inégalités.

Les origines économiques

Économiquement, depuis le milieu des années 1990, les produits français font face à une concurrence allemande accrue, en raison de la modération salariale exigée par le patronat allemand et acceptée par les syndicats.

L'Allemagne pratique une véritable forme de dumping salarial en alignant dans les faits les hausses de salaires à la croissance de la productivité. Cette limitation est extrêmement restrictive : elle permet de contenir les prix tout en renforçant la rentabilité des entreprises. C'est une politique de gain de productivité très agressive. Pour le mesurer, on peut rappeler que la croissance des salaires au regard de la productivité est un des principaux facteurs d'inflation. Si, comme l'ont fait les Allemands alors, les salaires n'évoluent qu'au même rythme que la productivité, le taux d'inflation visé par une telle stratégie est un taux nul. Or, lors de sa création en 1999, la nouvelle BCE définit la stabilité des prix à un niveau d'inflation de 2 % par an.

L'Allemagne pratique donc une politique déflationniste, qui comprime la demande intérieure et exerce une pression considérable sur ses concurrents. C'est une politique que l'on appelle en anglais *beggar-thy-neighbour,* « appauvrit ton voisin ». Puisque, depuis le traité de Maastricht de 1992 et l'entrée en vigueur de l'euro en 1999, les dévaluations ne sont plus possibles, les autres pays de la zone euro – la France en particulier – n'ont guère le choix s'ils veulent maintenir leur compétitivité face au train d'enfer imposé par l'Allemagne. Comme son niveau de gamme est inférieur, la France devrait pratiquer une politique de déflation salariale encore plus marquée, autrement dit réduire la croissance des salaires en deçà de celle de la productivité. Ce serait alors une cure d'austérité douloureuse qui appauvrirait le pays sans l'assurance de résultats, car un pays qui s'appauvrit n'attire guère les investisseurs.

D'autant que, à ce moment-là, le patronat français a engagé une vague massive de délocalisations de la production industrielle vers les pays émergents comme la Chine, la Turquie ou d'autres pays asiatiques, renonçant à la fois à produire en France et à monter en gamme, mais assurant ainsi sa rentabilité. La France ne peut donc guère réagir autrement qu'en renonçant à sa compétitivité et en se concentrant sur le développement de sa demande intérieure, particulièrement de la consommation des ménages. Ce choix passe par une politique plus modérée de réformes néolibérales pour favoriser à la fois la croissance des salaires et la redistribution par l'État, ainsi que le secteur des services tournés vers la demande interne plutôt que vers la compétition internationale. Puisque la production quitte la France, il faut désormais moins dépendre du commerce extérieur pour la croissance et plutôt taxer les bénéfices issus de ces délocalisations pour financer le soutien à la croissance, affaiblie par ces mêmes délocalisations.

C'est un des sens que l'on peut donner à la loi sur les trente-cinq heures de 1998 qui, en accroissant le salaire horaire, l'emploi et le temps libre, devait favoriser la demande intérieure. De même, en 2003, Jacques Chirac négocie avec Gerhard Schröder une exception pour la France et l'Allemagne aux règles budgétaires de Maastricht. L'Allemagne y voit un moyen d'amortir l'impact négatif de ses réformes du marché du travail, tandis que la France peut continuer à soutenir sa croissance. C'est aussi la nécessité économique qui a conduit la France à ralentir son rythme de réformes à la fin des années 1990.

Ce qui est frappant, à la différence d'autres pays soumis au dumping salarial allemand, c'est que le modèle en France se révèle beaucoup plus solide. Même si l'immobilier, notamment parisien, soutient la croissance, il n'y a pas de bulle immobilière comparable à celles de l'Espagne ou de l'Irlande. Le soutien public à la demande et le passage aux trente-cinq heures permettent de limiter la croissance des salaires. Sur la période allant de la création de l'euro (1999) à la crise (2007), les salaires nominaux français augmentent à un niveau supérieur de 2 % à la croissance de la productivité. Autrement dit, « la France a été le seul pays à atteindre la cible de croissance des salaires », observent les économistes Heiner Flassbeck et Costas Lapavitsas[20]. La France est le « bon élève » de la zone euro et respecte la stabilité des prix, telle qu'elle est définie par la BCE. Elle ne peut être accusée de déstabiliser la zone euro.

Du reste, cet équilibre entre soutien de l'État et salaires lui évite après la crise un sort similaire à l'Italie où l'État a décidé, dans les années 2000, de contenir ses dépenses pour maintenir un excédent budgétaire primaire, autrement dit un surplus de ces recettes sur ses dépenses, hors paiement de la dette. La croissance des salaires a été le seul levier pour l'Italie pour maintenir une croissance (faible) au détriment de sa compétitivité. Mais, comme l'Italie dépend davantage que la France de ses exportations pour sa croissance, il lui a fallu corriger la situation de façon d'autant plus douloureuse que le budget italien était soumis à une austérité renforcée. Durant ces vingt ans de crise, la richesse du pays a alors stagné.

Jusqu'en 2007, la décision de ralentir les réformes néolibérales en France a plutôt porté ses fruits. Le pays a fait face au défi du dumping salarial allemand et de sa désindustrialisation dans des conditions plus saines et plus équilibrées que la plupart des autres pays. Pour preuve, lorsque survient la crise en 2008, elle frappe beaucoup moins fortement qu'ailleurs. Grâce à son modèle hybride, le pays est une puissance stabilisatrice aux performances moyennes mais solides. Son modèle lui évite un sort comparable à celui de l'Espagne, de l'Italie ou du Portugal. Et cela n'est possible que, précisément, parce qu'elle a su résister aux obsessions néolibérales de ses élites.

---

20 Heiner FLASSBECK et Costas LAPAVITSAS, *Against The Troika*, Verso, Londres, 2015.

Les origines politiques

La résistance de l'opinion aux tentatives de réformes néolibérales d'ampleur se manifeste clairement dès 1986. Ce rejet provoque un séisme politique qui n'est pas propre à la France, mais qui va favoriser la mise en place du modèle hybride français. Dans les années 1980 et 1990, la gauche comme la droite voient leurs bases sociales se réduire au fur et à mesure que les dirigeants, désormais convaincus, cherchent à imposer leurs politiques néolibérales. Ce qui, en retour, les incite à la prudence dans la réalisation des réformes structurelles.

Durant le gouvernement du Michel Rocard (1988-1993), l'équilibre est difficile à construire. Le Premier ministre, qui n'a pas de majorité, doit tantôt s'appuyer sur les centristes ralliés, tantôt sur les communistes. Il revient sur les mesures prises entre 1986 et 1988, notamment dans le domaine de l'emploi (où sont légèrement durcis les recours aux contrats courts et où des conditions sont posées pour les plans sociaux). Il crée le RMI mais n'engage pas un retour en arrière net par rapport à 1986, et encore moins par rapport à 1983. Il préfère rester neutre sur le plan des nationalisations et des privatisations (politique du « ni-ni ») et transforme Renault en société anonyme en vue de la privatisation de 1994. Surtout, la stratégie européenne de François Mitterrand, qui débouche sur le traité de Maastricht, nécessite le maintien de la politique du « franc fort » qui pèse sur les salaires et l'emploi, notamment à partir du retour de la crise économique en 1991. Au final, ce gouvernement Rocard, à l'instar de ceux d'Édith Cresson et de Pierre Bérégovoy, finit par décevoir tout le monde : les néolibéraux y voient un coup d'arrêt, leurs adversaires de nouvelles concessions.

Lourdement battu aux élections législatives de 1993, le PS ne reviendra jamais à son niveau des années 1980. Il retournera néanmoins aux commandes en 1997, en coalition avec les Verts et le PCF, en s'appuyant sur le rejet du néolibéralisme du gouvernement Juppé. Lionel Jospin, Premier ministre, un modéré par rapport à la seconde gauche rocardienne, s'oppose en Europe aux sociaux-démocrates néolibéraux, comme Gerhard Schröder et Tony Blair qui en 1999 publient un manifeste directement tourné contre lui, et où il est proclamé une règle d'or : « Le gouvernement doit tout faire pour soutenir les entreprises et ne jamais croire qu'il puisse s'y substituer[21]. » Cette définition de l'État néolibéral montre bien l'écart entre la France et plusieurs de ses voisins européens. Là où les gauches britannique et allemande (mais aussi largement italienne et espagnole) décident d'épouser le paradigme néolibéral, la France marque le pas.

Certes, Lionel Jospin mène aussi avec Dominique Strauss-Kahn, ministre de l'Économie et des Finances (qui a repris le flambeau de la gauche néolibérale), une politique de libéralisation et de privatisation. Toutefois, il prend garde de préserver le modèle social français avec les trente-cinq heures, la CMU et la fin de la dégressivité de l'indemnisation chômage arrachée au patronat.

Jospin a tiré, croit-il, les leçons des échecs de 1986 et 1993 et entend préserver la base sociale de la gauche. Simplement, une partie considère qu'il a poursuivi les politiques passées et qu'il n'est pas allé assez loin dans sa défense du modèle social. Son échec à l'élection du 21 avril 2002 (permettant au Front national – FN – d'accéder au second tour face au RPR), où il n'obtient que 16,5 % des voix au sein d'une gauche qui cumule 43 % des voix, soit bien plus que les candidats de droite (30,6 % des voix),

21 Fondation Jean-Jaurès, Tony Blair et Gerhard Schröder, *Manifeste et analyses critiques*, Paris, Fondation Jean-Jaurès, 1999.

traduit la réalité d'un électorat de gauche écartelé entre une tendance acceptant le néolibéralisme aménagé et l'autre le rejetant radicalement, même lorsque sont proposés des compensations ou des assouplissements aux réformes.

Jusqu'à la campagne de 2012, tout le travail du PS sera d'entretenir une certaine ambiguïté pour tenter de rester en contact avec l'électorat de gauche antinéolibéral, tout en conservant au centre une tendance clairement favorable à la position néolibérale de Tony Blair et Gerhard Schröder. En 2005, lors de la campagne du référendum sur le projet de Constitution pour l'UE, qui tourne rapidement à un référendum sur le néolibéralisme, le PS laisse ses membres faire campagne pour le « oui » et le « non » et choisit en 2007 une candidate modérée contre les champions des deux camps, Dominique Strauss-Kahn et Laurent Fabius.

À droite, la situation n'est guère meilleure. Le score du premier tour en 2002 est un des plus bas. Les tentatives néolibérales de 1986, 1993 et 1995 ont aliéné à ce camp une partie de son électorat populaire. Durant son second quinquennat, Jacques Chirac espère rétablir une base sociale plus solide. Certes, il mène des réformes néolibérales, comme la loi Fillon de 2004 qui favorise encore les accords d'entreprises, et accepte l'« agenda européen de Lisbonne » qui donne la priorité à la compétitivité, mais il avance à pas comptés comparé aux autres pays européens à la même époque.

Ceux qui refusent les politiques néolibérales, à commencer par une partie notable de l'électorat populaire de gauche, se tournent souvent vers le FN, parti xénophobe qui a surgi sur l'échiquier politique en septembre 1983, lors d'une municipale partielle à Dreux, six mois après le « tournant de la rigueur ». Pourtant, son programme économique est alors radicalement néolibéral ; son leader, Jean-Marie Le Pen, admire Ronald Reagan et Margaret

Thatcher. Mais son fonds de commerce électoral consiste principalement à jouer sur la xénophobie pour prétendre que le système social ne peut être sauvé que par la lutte contre l'immigration. Sur ce point, du reste, il ne changera jamais. Il travaille une image d'opposition au système qui séduit de nombreux ouvriers déçus par une gauche qu'ils jugent les avoir trahis. À partir des années 1990, le FN recrute aussi au sein de l'électorat populaire de la droite, là aussi déçu du tournant chiraquien de 1995. Cette montée de l'extrême droite est un phénomène classique de l'évolution néolibérale. En privilégiant la soumission à une logique économique externe, on conduit à un sentiment de perte de contrôle, ce qui en retour incite une partie de l'électorat à réclamer un pouvoir fort et un retour des frontières. Ce regain précoce de l'extrême droite en France est la traduction de la précocité du pays dans les réformes néolibérales autant que le refus de ces réformes.

La menace du FN et l'absence de base sociale solide pour le néolibéralisme ont incité les dirigeants au pouvoir à réduire leurs tentations réformatrices à partir de la fin des années 1990. En 2007, Nicolas Sarkozy veut changer la donne : il promet une rupture néolibérale contre la gestion prudente chiraquienne et tient un discours sécuritaire pour attirer les électeurs du FN. Le contrat qu'il propose est un tour de vis sécuritaire et nationaliste pour leur faire accepter les réformes et construire un bloc social majoritaire à droite. Il prend acte de l'insuffisance de la base sociale du néolibéralisme en France mais tente de détourner l'attention d'une partie de l'opinion. Le pari est gagné en mai 2007 quand il est élu. Un an plus tard et plusieurs mesures, telles que la loi TEPA contre les trente-cinq heures, sa popularité fond de moitié. Le ciment de la xénophobie et de la sécurité n'est pas suffisant pour détourner le regard d'une partie des Français. D'autant que surviennent la crise des *subprimes* en juillet 2007 puis celle de Lehman Brothers le 15 septembre 2008. Le président redécouvre alors les vertus stabilisatrices du modèle français. Son ambition néolibérale s'arrête ici, sur les ruines de l'économie mondiale. Pour deux ans du moins. Il solde une nouvelle fois l'échec de construire une majorité permettant de réaliser ces réformes et offre au FN la possibilité de reprendre sa rhétorique « antisystème » avec sa nouvelle dirigeante, Marine Le Pen.

Les origines historiques

Politique et économie peuvent expliquer en partie le rejet du modèle néolibéral en France. Mais l'explication reste insuffisante. Les politiques néolibérales ne sont pas populaires par nature, et leur problème vital est de se prémunir contre la volonté démocratique. En Allemagne, par exemple, le SPD a perdu plus de dix points en sept ans après les réformes néolibérales Schröder. La gauche convertie au néolibéralisme a été un peu partout en Europe et en Amérique du Nord lourdement sanctionnée, mais, pour autant, les politiques néolibérales ont été imposées. Le niveau de résistance de la société française à ce paradigme semble relativement inédit et fortement ancré. Pour comprendre le rejet français, peut-être faut-il s'interroger sur la nature historique du capitalisme dans ce pays et les rapports que les citoyens entretiennent avec ce courant. Le capitalisme français a longtemps été marqué du sceau d'un très fort libéralisme.

La Révolution française est une révolution bourgeoise qui instaure un régime de « laisser-faire » par la loi Le Chapelier de 1791. Cette loi va structurer le capitalisme français pendant longtemps : elle abolit les corporations, instaure la libre-entreprise, le principe de prix fixés par le marché, donc la concurrence, et interdit formellement syndicats et grèves. Il faudra attendre 1884 pour que le « droit de coalition » soit reconnu en France, soit treize ans après le Royaume-Uni et l'Allemagne. La tentative montagnarde de contrôler l'économie avec l'instauration, le 29 septembre 1793, d'un « maximum général » sur le prix des grains va être utilisée, après la chute de Robespierre le 27 juillet 1794, pour justifier une égalité entre contrôle de l'économie par l'État et Terreur. Le 24 décembre 1794, les thermidoriens abolissent le maximum et assurent désormais aux fournisseurs que l'État paiera le prix du « marché », un prix largement déformé par la spéculation, les accaparements et la corruption. D'emblée, l'État est donc mis au service du secteur privé. À l'agonie financière, le Directoire fait faillite sur les deux tiers de la dette en septembre 1797. Mais c'est surtout l'occasion de réduire les dépenses courantes et de s'assurer de payer les nouveaux financiers enrichis par la Révolution et les fournisseurs aux armées. Le régime bourgeois qui se met en place est un État au service des intérêts privés et du capital. Bonaparte, qui prend le pouvoir en novembre 1799 avec l'appui des milieux financiers, n'a guère d'autres projets. Son Code civil de 1804 et son Code du commerce de 1807 demeurent les fondements du capitalisme français du XIXe siècle et ne prévoient pour le travail que le contrôle assuré par l'établissement d'un livret ouvrier en 1803 (obligatoire jusqu'en 1890) qui permet aux patrons de « noter » le travailleur et aux autorités de le suivre.

Avec la monarchie de Juillet et le Second Empire, l'État se montre plus actif, sous l'influence croissante du saint-simonisme. Mais c'est toujours pour soutenir le secteur privé par des apports de capitaux ou pour l'organiser plutôt que pour agir directement. De ce point de vue, la loi du 11 juin 1842 sur les chemins de fer est exemplaire : l'État pourvoit aux manques de capitaux en construisant un réseau qu'il transfère en concession à des compagnies privées, lesquelles, à l'issue de la concession, seront remboursées, s'il le faut par l'État, de la valeur des infrastructures. Ce système, largement généralisé, permettait à l'État de soutenir les activités privées. En 1848, les compagnies de chemin de fer les plus affaiblies par la crise sont nationalisées puis revendues à vil prix. Le déficit de l'État qui se creuse sous la monarchie de Juillet, en pleine paix, représente alors le prix des subventions directes et indirectes et du partage déséquilibré des risques. Il est comblé par des financiers qui, du reste, y gagnent beaucoup. L'influence saint-simonienne a placé l'État dans le jeu économique en France assez tôt, pour jouer le jeu du capital. Il n'y a pas là de pensée sociale. Ce que les politiques et les banquiers ont retenu de la doctrine de Saint-Simon est que le développement industriel assurerait l'« extinction du paupérisme », pour reprendre le titre du texte écrit par le futur Napoléon III en 1844, autrement dit la fin de la pauvreté. Mais cette disparition de la pauvreté se ferait précisément par l'accroissement des richesses, et notamment celles des plus fortunés. Dans ces conditions, être social, c'est d'abord assurer la croissance des profits, au besoin grâce à l'État. Le capitalisme français du XIXe siècle n'est pas très éloigné d'un idéal néolibéral où la puissance publique vient garantir la protection des profits.

C'est dire si le capitalisme français de l'époque ne transige pas avec la priorité donnée au capital et la soumission du travail, sa protection étant ignorée par l'État. Il faut attendre le rapport alarmiste de Louis René Vuillermé, en 1840, sur la situation des familles ouvrières à Paris pour interdire un an plus tard le travail aux enfants de moins de huit ans pour les seules sociétés de plus de vingt salariés. Il faut attendre 1874 pour réguler le travail avant douze ans. En Prusse, le travail des moins de neuf ans a été aboli dès

1839 et régulé dès 1812 au Royaume-Uni. La protection des travailleurs est longtemps en retrait par rapport au reste de l'Europe. Sans entrer dans le détail, l'État social français naît de façon embryonnaire après la Première Guerre mondiale, tandis qu'il a émergé en Allemagne dans les années 1880, avec les lois sociales de Bismarck, et au Royaume-Uni dès la fin des années 1900, avec les « réformes libérales ».

De même, le régime bourgeois français, qui domine le XIXe siècle et la première partie du XXe, refuse fermement de faire contribuer le capital aux dépenses communes. En 1789, les révolutionnaires ont aboli les taxes indirectes et instauré trois contributions sur la richesse mobilière, immobilière et commerciale. Mais les thermidoriens rétablissent les droits indirects qui deviennent, au long du siècle suivant, les principales sources de recettes de l'État, tandis que Napoléon abolit la progressivité des contributions mise en place sous la Terreur. À la fin du XIXe siècle, 90 % des ressources de l'État proviennent des taxes indirectes qui frappent de façon proportionnée les plus pauvres par la consommation. Sans que, pour autant, le retour en aides publiques ne se fasse ressentir. L'impôt sur le revenu, instauré depuis 1842 au Royaume-Uni et au milieu du XIXe siècle dans plusieurs États allemands, est catégoriquement rejeté par les hommes politiques français. Adolphe Thiers, incarnation la plus parfaite de l'homme politique de ce siècle, le refuse vigoureusement après 1871 et y voit une « inquisition sur les fortunes ». Comme le résume l'historien conservateur britannique Niall Ferguson : « Pendant tout le XIXe siècle, la bourgeoisie française a été sous-imposée[22]. » Tout se passe comme si l'État français du XIXe siècle était le modèle et le précurseur de l'État néolibéral : soumis au capital et servant aveuglément ses intérêts.

22 Niall FERGUSON, *The Pity of War*, Penguin, Londres, 2005, p. 115.

Si ce soutien de l'État au capital est une caractéristique des premières heures du capitalisme[23], elle durera plus longtemps en France qu'ailleurs. La France du XIXe siècle est, par excellence, le lieu de la lutte de classes. Et l'État, plus que partout ailleurs, y a choisi son camp. Karl Marx, qui concentre ses grands écrits historiques sur les révolutions de 1848 et 1871 en France, ne s'y trompe pas. Pour obtenir des droits et des protections, les ouvriers français étaient contraints de se livrer à des insurrections sanglantes, au cours desquelles l'État démontrait son caractère de classe, notamment en envoyant l'armée défendre les intérêts du capital sur le travail.

En février 1848, après la révolution qui renverse Louis-Philippe, deux socialistes, Louis Blanc et l'ouvrier Albert, entrent au gouvernement provisoire et imposent une série de mesures favorables aux ouvriers : la journée de travail de dix heures, le droit formel au travail et une forme d'assurance chômage avec les ateliers nationaux qui embauchent les chômeurs, alors nombreux (le capitalisme connaît alors une crise conjoncturelle depuis 1846), pour réaliser des travaux d'intérêt commun. Mais l'idée déplaît aux républicains conservateurs. Ce sont deux d'entre eux, le ministre des Travaux publics Marie et l'ingénieur Émile Thomas, qui vont organiser ces ateliers et, rapidement, les vider de leur substance en leur donnant des ouvrages inutiles et en favorisant une forme d'oisiveté en leur sein. Le 21 juin 1848, l'Assemblée constituante élue par la majorité paysanne et propriétaire, conservatrice quoique républicaine, décide d'en finir avec ce qu'elle considère comme une expérience coûteuse et politiquement dangereuse. Elle laisse un choix

---

23 Voir par exemple ce que dit Eric Hobsbawm concernant l'Angleterre du XVIIIe siècle : « Au fur et à mesure que le siècle s'écoulait, la voix du fabricant devint de plus en plus la voix du gouvernement. » La France fut un pays où cette vérité dura le plus longtemps. *Cf.* E. Hobsbawm, « Les briseurs de machines », *in Revue d'histoire moderne et contemporaine*, mai 2006, p. 26.

illusoire aux ouvriers parisiens : ou partir en Sologne, ou entrer dans l'armée. C'est une dissolution de fait qui exclut leur généralisation et en finit avec cette expérience. Les délégués des ateliers avaient pourtant protesté devant le ministre des Finances : « Des ouvriers préfèrent, nous dit-on, gagner un franc quinze par jour à ne rien faire dans les ateliers nationaux alors qu'ils pourraient gagner six à huit francs chez leur patron. De grâce qu'on nous indique les maisons qui offrent ces avantages, qu'on nous signale le nom des ouvriers récalcitrants[24]. » La réalité, c'est que ce système brise la loi de l'offre et de la demande de travail. C'est une rigidité du marché du travail, et le gouvernement se doit de l'éliminer.

Karl Marx écrit : « Les ouvriers n'avaient plus le choix, il leur fallait mourir de faim ou engager la lutte[25]. » Cette phrase pourrait résumer l'ensemble des rapports sociaux de la France du XIXe siècle. Les insurgés de juin 1848 souhaitaient que leur travail ne soit plus déterminé par la loi d'airain du capital mais leur assure des conditions de vie dignes. Cette exigence se reflète dans leur cri de ralliement – « Du pain, du travail ou du plomb[26] ! » – qui fait écho à celui des canuts lyonnais, dont la révolte a été rudement écrasée en 1831 : « Vivre en travaillant ou mourir en combattant[27]. »

24 François PARDIGON, *Épisodes des journées de juin 1848*, La Fabrique, Paris, 2008, p. 60.

25 Karl MARX, *Les Luttes de classes en France*, La Table Ronde, Paris, 2001, p. 53.

26 Louis MÉNARD, *Prologue d'une révolution : février-juin 1848*, La Fabrique, Paris, 2007, p. 204.

27 Les canuts sont des ouvriers de la soie à Lyon qui ont un statut proche des « autoentrepreneurs » d'aujourd'hui : propriétaires de leur métier à tisser, ils sont formellement fournisseurs de grands négociants. En novembre 1831, ils réclament des protections contre la baisse des prix et, devant le refus des autorités et des négociants, se révoltent à deux reprises en 1831 et 1834. La seconde répression, organisée par Adolphe Thiers, alors président du Conseil, fera 600 morts.

En face, l'indifférence de l'État à cette question du travail est totale. Elle pourrait s'illustrer par la tentative du physicien François Arago devant la barricade de la rue Soufflot, le 23 juin, d'apaiser les insurgés en leur demandant de respecter la loi de la République. La réponse ne se fait pas attendre : « Monsieur Arago, vous ne savez pas ce que c'est que la faim, vous n'avez jamais connu la misère[28]. » « On a fait ce qu'on a pu », répond le physicien avant de donner l'assaut. Voici deux mondes qui ne se peuvent comprendre. Mais l'incompréhension est réglée par la force étatique, qui est du côté bourgeois : le général Cavaignac réprime la révolte en trois jours dans un bain de sang. On dénombre jusqu'à 6 000 morts. Dans les semaines qui suivent, la journée de dix heures est abolie, les ateliers nationaux purement et simplement supprimés et le droit au travail exclu de la Constitution promulguée en novembre. La législation sociale est remplacée par la répression.

Elle le sera encore en 1871, lors de la Commune de Paris. Le 19 avril 1871, cette dernière proclame qu'elle est « la fin du vieux monde gouvernemental et clérical, du militarisme, du fonctionnarisme, de l'exploitation, de l'agiotage, des privilèges auxquels le prolétariat doit son servage ». Elle vise la fin de la domination bourgeoise par le pouvoir étatique. Concrètement, la Commune aura le temps de prendre des mesures sociales importantes, comme des embryons de salaire minimum, d'assurance chômage publique ou de régulation sociale du marché du logement. Mais, selon Karl Marx : « La grande mesure sociale de la Commune fut sa propre existence et son action[29]. » La Commune, c'est la tentative de placer l'État hors de la lutte de classes, hors des intérêts de la seule bourgeoisie. En cela, elle était, pour

28 Daniel Stern, *Histoire de la révolution de 1848*, Balland, Paris, 1985, p. 618.

29 Karl Marx, *La Guerre civile en France*, Éditions sociales, Paris, 1968, p. 72.

Adolphe Thiers et la classe dirigeante, une menace pour la civilisation, parce qu'elle existait en tant que pouvoir échappant à la bourgeoisie. On a fait donc un exemple plus frappant que ne l'avait été juin 1848, et on l'a écrasée lors de la semaine sanglante (21-28 mai 1871). Cette fois, le nombre des victimes s'élève à plus de 20 000, auxquelles il faut ajouter 38 000 arrestations et 10 000 déportations.

Ce massacre va durablement marquer le mouvement ouvrier français. Là où, en Allemagne, l'État peut être perçu comme capable de soutenir les intérêts du travail après les lois sociales de Bismarck, il n'est perçu en France que comme le défenseur de la classe capitaliste. Là où, au Royaume-Uni, le mouvement social peut espérer modifier la société pacifiquement par des réformes, en France, il doit faire face à la militarisation de la répression. Même après la légalisation très formelle de la grève en 1864, les mouvements sociaux sont réprimés dans le sang, souvent par l'intervention directe armée : c'est le cas à Fourmies en 1891, ou encore lors des grèves de 1906-1908 à Draveil-Villeneuve-Saint-Georges.

Le libéralisme forcené des élites françaises du XIXe siècle conduit à une lutte de classes permanente et ultra-violente. Nulle part en Occident la répression sociale n'a été aussi violente qu'en France au cours de cette époque. Ce fait est trop souvent ignoré et même éludé au profit du mythe que le Français préférerait le chômage au travail ou l'égalité à la liberté.

Ce passé a été et reste structurant. La construction de l'État-providence français est tardive, elle est entamée avec la loi sur l'assurance maladie de 1928 (imposée par Poincaré) et les acquis sociaux du Front populaire, comme la semaine de quarante heures et les congés payés (immédiatement remis en cause par le gouvernement Daladier). L'impôt sur le revenu progressif est finalement voté en 1914, non sans mal, et mis en place dans les années 1920. La création de la Sécurité sociale universelle et du modèle social français, dans l'immédiat après-guerre, instaure un nouveau modèle qui se définit en opposition quasiment parfaite à l'ancien. Désormais, l'État n'est plus le bras armé de la bourgeoisie. La dernière intervention de l'armée dans un conflit social date de 1947 ; elle est plutôt à mettre au crédit de la situation internationale où la France s'ancre dans le bloc occidental et dans sa stratégie du *containment*. Mais, si on exclut ce cas qui est le produit de la guerre froide, l'État est désormais une puissance neutre dans le conflit social. Son rôle n'est pas de peser en faveur de l'un ou de l'autre camp, mais de favoriser la recherche d'un compromis.

À la différence des modèles germanique et nordique, le modèle français n'abolit pas la lutte de classes dans une forme de compromis permanent. Capital et travail demeurent en concurrence et le conflit est souvent ouvert : les grèves sont nombreuses, y compris durant les Trente Glorieuses, comme celle des mineurs en mars 1963, qui dure trente-cinq jours et débouche sur une quatrième semaine de congés payés et des augmentations de salaire. Même si le maintien de l'ordre peut être violent, l'État n'intervient plus dans le conflit directement, avec la force armée, pour briser les grèves dans le sang comme en 1906. Ce maintien de l'ordre s'accompagne d'un rôle plus pacificateur et neutre dans les relations sociales. En 1963, l'État nomme des sages qui concluent à une perte de salaires réels des mineurs ; leurs conclusions sont acceptées. En mai 1968 comme en juin 1936, l'État invite patronat et syndicats à trouver un compromis. Le cœur du modèle français reste donc la lutte, mais c'est une concurrence « civilisée » dans le paritarisme, autrement dit dans une cogestion par le patronat et les syndicats des assurances sociales et dans la négociation d'accords de branches nationaux.

Parallèlement, l'État social assure la redistribution des richesses créées par l'impôt progressif, mais aussi par un certain nombre de mesures sociales (familles, logement) qu'il gère directement. Il est aussi un garant contre la marchandisation de la société et ses excès : les activités nécessaires au bien commun sont nationalisées et les services publics développés. Ce modèle réduit fortement l'accumulation des richesses. La France, paradis des capitalistes avant la Première Guerre mondiale, devient un pays fortement redistributif. Selon les chiffres du World Inequality Report, les 10 % les plus riches possédaient 50 % du revenu national en 1900, un chiffre élevé en comparaison européenne, mais plus que 29,4 % en 1983.

Ce modèle social représente une ligne de défense pour les Français contre un retour de l'État de classes. C'est une forme de garantie contre les vieux démons de l'économie française. Aussi, lorsque surgit l'ordre néolibéral dans les années 1970, la réaction des Français ne peut être qu'à l'inquiétude et au rejet. L'État néolibéral, accompagnant et soutenant le secteur privé, ressemble à s'y méprendre à l'État français du XIXe siècle. L'exigence d'oublier la lutte de classes pour se soumettre aux impératifs de la concurrence fait écho à cette phrase d'Adolphe Thiers : « La concurrence est la source de toute amélioration dans le sort des classes pauvres[30] », qui elle-même préfigure la proposition d'Édouard Philippe, en mars 2019, de favoriser la concurrence, pour améliorer le sort des Français les plus vulnérables. Bref, le néolibéralisme ressemble trop à ce système dont les Français se sont si vigoureusement détournés pour être accepté d'un bloc comme une solution.

À la différence de l'Allemagne ou du Royaume-Uni, le souvenir du XIXe siècle ne signifie pas seulement la misère

30 Adolphe Thiers, *De la propriété*, Paulin Lheureux & Cie, Paris, 1848, p. 275.

d'un ultralibéralisme dont on peut effectivement penser qu'il ne reviendra pas, mais aussi un régime de quasi-guerre civile permanente avec une classe dirigeante refusant toute amélioration au travail au nom des lois de l'économie. Ce que représente alors l'ordre néolibéral, c'est bien pour les Français la revanche de ceux à qui l'on a arraché le pouvoir et des concessions dans les années 1930-1950. La prétendue « passion de l'égalité » des Français a un fondement politique : elle est le prix qu'ont fini par payer les plus riches pour leurs victoires sanglantes et répétées de la guerre des classes jusqu'en 1914.

C'est pourquoi fondre le pouvoir de l'État et celui du capital est difficilement acceptable et supportable pour les Français. C'est bien aussi pour cela que les tentatives de chocs néolibéraux ont échoué. L'histoire sociale de la France a rendu la population rétive à la culture néolibérale. Catherine Deneuve vantant la privatisation de la Compagnie financière de Suez n'a pas su effacer les crimes des Versaillais. Le coup d'arrêt de 1988 peut s'expliquer par un fait simple : entre 1982 et 1989, le taux de marge des entreprises, autrement dit le partage de la valeur ajoutée en faveur du capital, a bondi sous le coup des réformes néolibérales, de 24,8 % à 33,7 %. Cette évolution et ce niveau étaient sans doute la limite de l'acceptable pour la société française. Dès lors, ceux qui imposaient cet agenda ne pouvaient qu'être sanctionnés à la mesure de l'attachement à un modèle social devenu le rempart contre le retour de la violence sociale. C'est pourquoi il a fallu trouver un autre modèle, nécessairement adapté à un ordre mondial néolibéral, mais ménageant le refus de cette revanche.

3

Genèse du macronisme, ou la montée des tensions

Le modèle français et sa critique néolibérale

Performances et limites du modèle français

Le modèle capitaliste français qui s'est développé à partir de 1976, et plus encore après 1983, est un modèle hybride. Cela ne veut pas dire qu'il n'a pas été réformé dans un sens néolibéral, au contraire. Si l'on observe l'économie française en 1976 et celle de 2019, les changements sont considérables et vont bien dans le sens d'une adaptation à l'ordre dominant. L'histoire économique de la France depuis quarante ans pourrait se résumer à une série de réformes, de libéralisations et de baisses de cotisations pour les entreprises sur les bas salaires. À partir du milieu des années 1990, ce mouvement a été adapté à des exigences politiques et sociales. Soit les réformes étaient plus partielles que chez les principaux concurrents du pays, soit elles étaient accompagnées de nouveaux droits sociaux ou de compensations. En 2004, par exemple, les réformes Fillon du marché du travail, puis celle du RMI en 2009, allaient dans le sens des lois Hartz allemandes sans créer toutefois un système de *workfare* conduisant à la fragmentation subie du temps de travail. Elles étaient également amorties, à l'époque, par le maintien d'une assurance chômage plutôt protectrice et des trente-cinq heures que le gouvernement Raffarin n'avait pas remises en cause.

Cette évolution dessine un modèle économique propre, qui trouve sa voie entre la réalité sociale et politique du pays et les exigences de l'ordre économique dominant. Cette adaptation n'est guère spécifique à la France. Le terme d'« hybridation » a été proposé par Roger Boyer[1] pour décrire l'économie japonaise d'après guerre. Chaque capitalisme national s'adapte à l'ordre dominant selon ses besoins sociaux et économiques et selon ses institutions. En cela, souligne Bruno Amable, il ne s'agit pas « d'une perte de cohérence systémique mais de la création de nouvelles complémentarités institutionnelles[2] ». Le système a sa propre cohérence, sa propre raison. Il a souvent les performances liées à ces choix.

La performance de l'économie française est bien meilleure que ce que laisse préjuger sa réputation en France. Si cette performance semble globalement moyenne, c'est parce que le modèle français n'est pas concentré sur l'objectif de la croissance mais reste attaché à des exigences de cohésion sociale. Cette exigence vise davantage une certaine stabilité de la croissance fondée sur d'importants amortisseurs sociaux qu'une performance absolue forte.

Si l'on regarde un chiffre aussi basique que la croissance économique à long terme, on note que le PIB français a crû de 34,3 % entre 1998 et 2018, ce qui est une performance

1 Roger Boyer, « Hybridisation and models of production », *in* Roger Boyer *et al.*, *Between Imitation and Innovation*, Oxford University Press, Oxford, 1998.

2 Bruno Amable, *op. cit.*, p. 3.

supérieure à celle de la moyenne de la zone euro (+ 32,5 %) et à celle de l'Allemagne (+ 32,4 %). Certes, il faut modérer cette performance en rappelant que la croissance démographique française est plus forte que celle de l'Allemagne et que la croissance du PIB par habitant est moins élevée. Mais on ne constate pas d'effondrement français, ce qui s'explique par la capacité de résistance du pays aux chocs externes. En réduisant sa dépendance aux exportations et en maintenant un haut niveau de transferts sociaux et de protection sociale, la France peut mieux faire face que ses voisins aux crises du capitalisme. En 2002-2003, après l'éclatement de la bulle Internet, la croissance française a ralenti à 1,1 % et 0,8 % respectivement, tandis que le PIB allemand stagnait en 2002 et reculait de 0,7 % en 2003. En 2009, après la grande récession suivant la faillite de Lehman Brothers, le PIB français s'est contracté de 2,8 % contre 5,6 % pour l'Allemagne, soit deux fois mieux (on verra plus loin pourquoi cette surperformance s'est affaiblie en 2013). Schématiquement, on peut dire que la France fait un peu moins bien en période d'expansion de l'économie et beaucoup mieux en période de crise. Il y a donc un choix de la stabilité au détriment de la performance.

La compétitivité externe des entreprises s'est fortement dégradée, mais les raisons de cette dégradation sont davantage à mettre au crédit de la stratégie allemande qu'à celui des choix français. Cette stratégie allemande présente un bilan également discutable, puisque la très forte performance de ses exportations a été acquise au prix d'une pression sur la demande intérieure et les investissements publics. Il a donc été payé par un appauvrissement relatif des ménages les plus faibles et une dégradation du capital public. Au final, outre-Rhin, la croissance acquise grâce à ces gains de compétitivité dans les années 2010 n'a pas permis d'effacer le ralentissement lié à la contraction de la demande dans la décennie précédente. La compétitivité et l'équilibre des échanges extérieurs ne sont pas des indicateurs de performance économique : les excédents des uns sont forcément les déficits des autres, et l'on peut se développer avec un déficit commercial. On oublie souvent que l'Italie montre de bonnes performances extérieures et, pourtant, reste un pays en crise profonde sur le plan économique.

Sur le plan de l'emploi, la performance française est clairement médiocre, même s'il faut relativiser. En 1998, une année où la croissance était forte (3,6 %), le taux de chômage était à 10,3 % en moyenne. Il était en 2018 de 9,1 %. Au pic de la remontée du chômage durant la crise, en 2016, il n'a jamais dépassé le niveau de la fin des années 1990. Mieux : dans les années 2000, alors que le modèle hybride français était à son apogée, ce taux de chômage est descendu à 7,4 %.

Dans tous les cas, ce niveau demeure plus élevé que celui de la zone euro (où il est passé de 10,4 % à 8,2 % entre 1998 et 2018) et de l'Allemagne (où il a reculé de 9,4 % à 3,4 %). Néanmoins, deux précisions : le problème de l'emploi en France concerne surtout les jeunes et les plus anciens ; le taux d'emploi (nombre de personnes en emploi sur la population totale) des vingt-cinq-cinquante-quatre ans est supérieur en France à celui de la zone euro en 2018 (80,6 % contre 79,3 %). C'est un phénomène lié à la pratique des entreprises de concentrer leurs embauches sur cette tranche d'âge, qui n'existe pas de façon aussi marquée ailleurs. Encore une fois, donc, le système social vient compenser les choix du secteur privé.

Surtout, en Allemagne notamment, la baisse du chômage a moins été obtenue par la croissance de l'économie que par la division subie du temps de travail. Le taux de contrats à temps partiel y est supérieur de 10 points à celui de la France. C'est là la clé du « miracle de l'emploi allemand ». Selon les données de l'institut IAB de Nuremberg, le volume d'heures travaillées en Allemagne était en 2018 supérieur de 9,8 % à celui de 1998 ; ce qui n'est pas suffisant pour expliquer le plein-emploi. Mais la proportion de ce travail réalisé à temps partiel est, elle, passée de 12 % à 22 %, soit presque un doublement du volume. Pour abaisser le taux de chômage, on a donc fractionné le volume travaillé. De leur côté, les actifs français, tous contrats confondus, travaillent 12 % plus longtemps que les Allemands et leur productivité, autrement dit la capacité d'un travailleur à produire en une heure, est également supérieure à celle de l'Allemagne. Cette productivité a quasiment évolué au rythme allemand depuis un demi-siècle, ayant du reste une croissance souvent supérieure. Le modèle hybride français fait donc mieux de ce point de vue qu'un pays comme le Royaume-Uni, où la productivité stagne à un niveau très faible depuis dix ans[3]. Or on a déjà évoqué le fait que les salaires français n'ont jamais dépassé les limites de ce que la BCE appelle la « stabilité des prix ».

Bref, il n'y a pas de décrochage ou d'effondrement français, comme il n'y a pas eu d'« orgies salariales », au contraire : l'outil productif français demeure performant, quoique réduit. En revanche, il y a des choix politiques dans le modèle français : celui de préserver le niveau de vie des retraités, qui ont travaillé et cotisé. Les retraités français ont un niveau de vie supérieur à celui de la moyenne des actifs, ce qui représente une singularité parmi les pays de l'OCDE. Alors que la pauvreté des personnes âgées s'est nettement développée en Allemagne depuis quinze ans, le phénomène a été contenu en France. C'est un des signes de la résistance au néolibéralisme.

L'autre choix est celui de préserver des emplois stables avec des salaires décents, auquel s'ajoutent des transferts

3 Conseil national de la productivité, premier rapport, avril 2019, p. 31.

sociaux permettant à ceux qui sont hors de l'emploi de vivre. À l'inverse, dans des pays comme l'Allemagne, le choix fait à la fin des années 1990 a été de privilégier l'emploi sous toutes ses formes. Si, avec une productivité inférieure et un temps de travail inférieur, l'Allemagne est en plein-emploi, c'est parce qu'on a laissé le marché fragmenter l'emploi selon les besoins du capital. Derrière la divergence entre la France et l'Allemagne, il y a avant tout un choix entre le capital et le travail.

Et, de fait, la baisse du chômage outre-Rhin s'est accompagnée d'une explosion du risque de pauvreté. Selon Eurostat, la part de la population en risque de pauvreté, entre 2009 et 2017, a progressé de 11 % à 16,1 %, alors même que le taux de chômage baissait de 7,6 % à 3,4 %. Ce niveau est désormais bien supérieur à celui enregistré lorsque le taux de chômage allemand dépassait les 10 %. En France, ce taux est passé de 13,1 % à 13,3 %, quasi stable, alors que le taux de chômage demeurait aussi stable à 9,1 %. On note enfin que le taux de pauvreté en France était en 2017, selon l'OCDE, de 8,3 % contre 10,4 % en Allemagne, notamment grâce à la faiblesse de la pauvreté chez les retraités (3,4 % en France contre 9,6 % en Allemagne), mais pas seulement puisque l'écart est maintenu pour les dix-huit-soixante-cinq ans. Avec un taux de chômage plus de deux fois supérieur, la France est parvenue à stabiliser la pauvreté dans sa population à un niveau inférieur à celui de l'Allemagne.

Cette différence de choix peut également être constatée au niveau des inégalités. Bien sûr, l'influence du néolibéralisme ne doit pas être sous-estimée en France, et il existe, comme le montre le travail du World Inequality Report[4], une progression des inégalités à partir de 1983, preuve

4 Voir notamment le rapport 2018 qui revient sur des tendances de long terme.

supplémentaire que le pays a bien réalisé des « réformes ». Mais cette progression est freinée à la fin des années 1990, et la tendance française se distingue alors nettement de celle des pays ayant fait le choix de réformes en profondeur du marché du travail.

Ainsi, la part des 10 % les plus riches dans le revenu national est passée de 29,4 % à 33,9 % entre 1983 et 2007 en France, mais elle est passée de 28 % à 36,1 % en Allemagne avec une accélération à partir de 1999. Même constat pour les 50 % les plus pauvres qui voient leur part dans le revenu national diminuer de 23 % à 21,9 % entre 1983 et 2007 en France, tandis qu'en Allemagne elle s'effondre de 27,2 % à 21,8 %, sous le niveau français.

La performance française est quasiment comparable à celle de la Suède. Pour réduire le taux statistique de chômage, la France pourrait effectivement supprimer l'ensemble des protections et favoriser le partage du temps de travail dicté par les besoins des entreprises. Mais elle n'aurait pas ces performances en termes d'inégalités, dont on sait l'importance historique.

Évidemment, tout ne va pas pour le mieux en France. Son modèle a été affaibli par la crise de 2008 et par les choix politiques pris à sa suite. L'introduction du néolibéralisme a globalement produit les mêmes effets qu'ailleurs de creusement et d'exacerbation des inégalités sur le long terme, même si les filets de protection, plus nombreux, ont permis au pays de mieux résister que la plupart de ses voisins. On peut aussi s'interroger sur l'importance prise par le secteur financier (un des secteurs les plus fortement libéralisés depuis 1983) et sur l'inflation immobilière qui a suivi. De même, on peut évoquer, malgré cette bonne performance relative, les grandes difficultés d'une partie de la population qui, en dépit des filets de sécurité sociaux, souffre du chômage. Les faiblesses du modèle sont nombreuses.

Hybrides ou non, les modèles économiques dans le monde néolibéral sont en crise perpétuelle. D'autant que ce modèle est entré dans une crise durable, avec une productivité en berne, plus pénalisée que favorisée par le progrès technique, et une demande mondiale au ralenti. Du reste, le modèle allemand, dépendant de la demande chinoise pour ses exportations et supposant un sous-investissement chronique et une augmentation du risque de pauvreté, est-il plus pérenne ? Beaucoup sont sceptiques, en Allemagne même, comme l'ancien membre du Conseil des experts économiques du gouvernement Peter Bofinger[5].

Finalement, la question est de savoir si ces problèmes et ces faiblesses français pourraient se résoudre par davantage de réformes néolibérales. On peut en douter au regard de ce que l'on vient de décrire. On le peut d'autant plus que le modèle français est aussi le produit des circonstances : l'austérité salariale allemande d'une part mais aussi les choix des dirigeants d'entreprise. L'appétit du rendement à très court terme a conduit les entreprises françaises à délocaliser rapidement et, pour certains, à vendre tout aussi rapidement leurs entreprises à des fonds d'investissement qui n'ont guère tardé à les dépecer. La qualité de la gestion humaine des entreprises est aussi soulignée dans le rapport du Conseil national de la productivité comme étant un des éléments négatifs pesant sur la compétitivité française[6]. Le modèle français a tenté, comme il a pu, principalement par les transferts sociaux et le maintien d'un rapport plus équilibré entre le travail et le capital, de pallier ces manques des dirigeants français.

Réduire cet équilibre reviendrait à se retrouver face à ces manques et à ces insuffisances du capitalisme français.

---

5 Voir, par exemple, son entretien paru dans le *Handelsblatt* du 8 février 2019 : « Wirtschaftsweiser fordert 60-Milliarden-Investitionsprogramm ».

6 Conseil national de la productivité, *op. cit.*, p. 53.

La défiance historique à l'égard des détenteurs du capital n'est peut-être pas injustifiée lorsqu'on se souvient qu'au XIXe siècle ces derniers ne cédaient rien au monde du travail et préféraient investir hors de France. En 1914, le pays affichait le plus faible taux de croissance des grandes puissances et souffrait d'un sous-investissement chronique. C'est la cause de la perte de terrain économique face au Royaume-Uni, puis face à l'Allemagne, durant le XIXe siècle. Le modèle hybride français du début du XXIe siècle n'a pas un bilan plus terne que celui affiché par cette époque de domination de la bourgeoisie libérale. Redonner l'intégralité du pouvoir au capital français comporte des risques élevés, ce qui n'empêchera pourtant pas, à partir des années 1990, une offensive culturelle puissante contre les choix équilibrés du modèle français. Une critique ciblée et constante qui va constituer la préhistoire du macronisme.

La lutte culturelle contre le modèle français

La critique néolibérale de la France n'est pas chose nouvelle. Elle date du rapport Rueff-Armand (1959) et s'est accélérée à la fin des années 1970. Mais pour que cette offensive soit généralisée et tente de créer un consensus dans la population, il manquait encore le consensus des élites. Ce sera chose faite avec le « tournant de la rigueur » de 1983. Aussi, la grande offensive dans l'opinion est lancée le soir du 22 février 1984, dans une émission « racontée » sur Antenne 2 par Yves Montand, acteur fétiche de la gauche socialiste, et baptisée « Vive la crise ! » L'émission, qui est un succès d'audience, entend créer une nouvelle culture économique qui élargirait la base sociale en faveur du néolibéralisme. Le recours à Yves Montand, une icône qui fait le job et n'hésite pas à s'énerver contre la tentation des Français de toujours attendre le salut de l'État, révèle que l'on vise la conversion de l'électorat de gauche aux idées néolibérales.

L'émission fustige les privilèges des fonctionnaires et des salariés, en fait la source du mal français qui risque de transformer le pays en « une sorte d'Afghanistan », pour reprendre les mots de Michel Albert, chef d'orchestre de l'émission, qui est aussi ancien secrétaire général du comité Rueff-Armand et commissaire général au Plan de 1978 à 1981. La dramatisation s'ajoute à la culpabilisation pour finir par la glorification de l'entrepreneur, héros moderne pris à la gorge par des impôts versés à un État captateur et destructeur de valeur. C'est Philippe de Villiers, le fondateur du Puy du Fou, qui va jouer ce rôle. Pour finir, on se moque des « idéologies » devenues une « blague » pour Yves Montand. Mais ces « blagues » doivent céder la place à la seule idéologie qui n'en serait pas une, celle de la réussite individuelle et du mérite par la confrontation au marché. Montand prévient en fin d'émission : « Mais moi, je retiens une idée de tout ça : c'est que finalement tout ce qu'on peut dire ou tout ce qu'on peut faire, en définitive, c'est vous, et vous seuls, qui trouverez la solution. [...] Ou on aura la crise, ou on sortira de la crise, mais dans les deux cas, on aura ce qu'on mérite. » Tout reviendrait donc à des choix et des actions individuels.

Dans le hors-série de *Libération* qui accompagne l'émission avec la photo du comédien en couverture, Serge July, directeur de la rédaction, enfonce le clou et appelle à une « grande révolution culturelle occidentale ». Selon lui, l'enjeu n'est plus de « changer la vie », comme le proclamait le slogan socialiste des années 1970, mais « changer de vie ». « Il faut transformer les sujets passifs en sujets actifs et les citoyens assistés en citoyens entreprenants », conclut-il. Tous les thèmes de la critique du modèle français sont déjà contenus dans cette première offensive : assistanat, État trop lourd, déclin, culpabilisation. L'émission, dans laquelle Yves Montand fait l'éloge de l'entrepreneur à succès Philippe de Villiers, montre avec éclat la fusion des élites de droite et de gauche autour des idées néolibérales et leur nouvel objectif : faire basculer la population dans le même consensus.

Néanmoins, si « Vive la crise ! » est un succès d'audience, l'émission rate son coup politiquement. Pas plus que Bernard Tapie et son émission « Ambitions », diffusée entre 1986 et 1987 sur TF1, qui valorisait à outrance l'entreprenariat et la réussite individuelle pour aider les jeunes en difficulté, pas plus que Catherine Deneuve et ses publicités vantant la privatisation d'une banque privée, elle ne parvient à convaincre les Français d'adopter la culture néolibérale. Le bloc social partisan de cette évolution reste minoritaire. L'échec de la droite en 1988 puis celui de la gauche en 1993 le prouvent avec éclat. Les limites politiques du néolibéralisme à la française semblent devoir être déjà atteintes.

Au début des années 1990, cette résistance paraît plus que jamais incompréhensible à ces élites persuadées que l'histoire leur donne plus que jamais raison. L'effondrement du système soviétique a réduit à néant toute alternative économique construite au capitalisme, et le modèle néolibéral bénéficie d'un consensus scientifique, puisque les néokeynésiens ont fini par se rallier à la nécessité des politiques de réformes. Les résistances françaises n'ont donc plus lieu d'être, alors qu'il serait urgent de mettre fin à un système censé freiner l'accumulation du capital. Tout au long de la formation de la spécificité française, dans les années 1990 et 2000, la critique va se répéter et s'accentuer, fustigeant les choix politiques et l'incompréhension de la réalité des Français.

Un des principaux artisans de cette offensive est Alain Minc, proche des grands patrons français, déjà dans les coulisses de « Vive la crise ! », et qui, fin 1994, parle à propos des élites néolibérales d'un « cercle de la raison » qui s'opposerait à des masses incultes et mal informées. Car ce sont là les seules explications possibles à leur résistance. En février 1994, son ami Denis Olivennes[7], un haut fonctionnaire moderniste de gauche, publie un texte paru dans la revue *Le Débat* contre le modèle hybride français en gestation. Titré « La préférence française pour le chômage », le texte d'Olivennes critique le choix français pour la protection des emplois et des salaires qui affaiblirait l'économie et conduirait à un chômage de masse.

L'argument sera repris au cours des vingt-cinq années suivantes, notamment à gauche, pour tenter de convertir l'opinion aux réformes du marché du travail. Il s'appuie sur la théorie dites des « insiders-outsiders », développée par deux économistes états-uniens en 1989. On y décrit un marché du travail français à deux vitesses où les privilégiés en CDI empêchent les précaires d'entrer dans la vie active et de constituer une carrière. Le modèle français apparaît alors comme un cauchemar : il est excluant et pénalise la compétitivité du pays. Les caricatures se multiplient, qui accusent la lourdeur physique du code du travail d'être responsable du chômage (alors que, si le code est lourd, c'est qu'on y multiplie les exceptions pour flexibiliser l'emploi).

La solution, selon Denis Olivennes ? Déréguler le marché du travail, bien sûr, pour en quelque sorte précariser tout le monde, geler la hausse du SMIC considéré comme trop élevé et réduire les dépenses publiques pour diminuer les impôts sur les entreprises. Ainsi le coût du travail baisserait, la compétitivité se redresserait et l'argent reviendrait

---

7 Voir : Laurent Mauduit, *La Caste. Enquête sur cette haute fonction publique qui a pris le pouvoir*, La Découverte, Paris, 2019, p. 94-96.

au travailleur consommateur par les baisses d'impôts et de prix. Une promesse néolibérale dont on a déjà observé les faiblesses, mais Denis Olivennes et ses successeurs espèrent encore convertir une partie de la gauche à leurs idées en les présentant sous un jour social : réduction des inégalités entre les travailleurs et promesse de redistribution.

Cette idée de réforme du marché du travail est un cheval de bataille du néolibéralisme de gauche. C'est un ancien conseiller de Martine Aubry, l'économiste Gilbert Cette[8], passé à la Banque de France, qui sans cesse défend la modération des hausses du SMIC allant jusqu'à recommander la fin de son indexation sur l'inflation. Et c'est un gouvernement de gauche qui, en 2015, va entamer la libéralisation du marché du travail.

Au cours des années 1990 et 2000, les offensives intellectuelles néolibérales ne vont pas faiblir : elles ciblent ce qui apparaît comme les faiblesses du mode d'insertion de la France dans le paradigme néolibéral. Le rapport de la commission dirigée par Alain Minc en 1994, intitulé *La France de l'an 2000*[9], synthétise tous les travers supposés de la France : redistribution trop élevée, État inefficace, salaires trop élevés, enseignement guère tourné vers le marché du travail, réglementations trop importantes sur les marchés des biens, des services et du travail. Édouard Balladur en fait le cadre de son programme, avec le « succès » que l'on connaît[10]. Ses idées, reprises par Alain Juppé, sont largement délaissées, sauf dans le domaine de la baisse des cotisations, attaque directe contre le système social français et qui

8 Voir : *Ibid.*, p. 98.

9 Alain MINC (dir.), *La France de l'an 2000. Commissariat général du Plan*, Odile Jacob, Paris, 1994.

10 Longtemps favori des sondages, Édouard Balladur termine troisième du premier tour de l'élection présidentielle de 1995 avec 18,58 % des suffrages exprimés.

deviendra la pierre angulaire des politiques d'adaptation au néolibéralisme.

Les réformes ou la mort

Ce rapport n'a pas rencontré plus de succès que l'émission animée par Yves Montand. Cependant, les élites n'abandonnent pas leurs efforts et continuent de bombarder l'opinion. Au tournant des années 2000, l'accent est mis sur la vision apocalyptique d'une France immobile, avançant aveuglément et par paresse vers son déclin. Le tout est étayé par des données soigneusement choisies, ciblant les faiblesses du modèle. En 2003, l'essayiste et ancien élève de l'ENA Nicolas Baverez publie *La France qui tombe*[11], qui dresse un constat effrayant de la France dans la mondialisation néolibérale et annonce le déclin d'un pays incapable d'accepter la compétition internationale. L'ouvrage rencontre un immense écho parmi les élites et favorise le mouvement décliniste des néolibéraux français qui, faute de convaincre réellement l'opinion par les délices du « nouveau monde », entendent lui faire un chantage sous cette forme : la soumission ou l'effondrement.

Globalement, ces critiques se concentrent sur les signes de faiblesse de l'économie française et négligent les autres, jugées illégitimes. La perte de compétitivité est ainsi conçue comme la cause de la désindustrialisation du pays (l'inverse pourrait aussi se défendre) et est jugée catastrophique en ce qu'elle produit un déficit commercial majeur, la France important l'essentiel de ce qu'elle consomme. La robustesse de la consommation est discréditée puisqu'elle ne ferait qu'alimenter la croissance étrangère et serait acquise au prix de transferts sociaux

11 Nicolas Baverez, *La France qui tombe : un constat clinique du déclin français*, Perrin, Paris, 2003.

importants qui creusent la dette publique et conduisent le pays à la faillite.

La dette publique, justement, devient le fer de lance des néolibéraux. Selon eux, cette dette est la marque de l'infamie du modèle français. C'est la preuve que le pays dépense trop, qu'il vit à crédit et, conformément à la vieille pensée libérale classique de David Ricardo, que les impôts ne pourront pas baisser, ce qui plomberait la croissance et la consommation. Il faut donc réduire d'urgence les dépenses publiques, à commencer par les transferts sociaux. Et comme ces transferts servent de filets de protection à ceux qui n'ont pas d'emploi, il faut aussi, parce que l'on veut baisser la dette, réformer le marché du travail pour donner des emplois, même mal payés (il faut donc réviser le SMIC) et même précaires. La boucle est bouclée.

Pour appuyer cette nécessité de la baisse des dépenses, l'action de l'État est caricaturée à certaines gabegies et à des exemples de mauvaise utilisation de fonds publics piochés dans les rapports de la Cour des comptes. Elle est réduite à des privilèges exorbitants de fonctionnaires paresseux et inutiles. L'État est perçu comme une forme de Moloch qui avale les richesses et les détruit, annihilant la croissance et le potentiel du pays. En réalité, le niveau de dépenses publiques ne traduit pas une ponction supérieure sur les budgets des ménages mais simplement un haut niveau de socialisation de ses dépenses. Là où les dépenses publiques sont plus faibles, elles sont prises en charge par le privé avec moins de solidarité. C'est un facteur aggravant d'inégalités dans de nombreux cas. C'est donc là encore un choix du modèle français de porter l'accent sur cette solidarité. Le moment est venu de mettre en avant l'efficacité supposée supérieure du secteur privé, soumis à la vérité indiscutable du marché. Et d'ouvrir la boîte de Pandore de nouvelles privatisations et de partenariats publics-privés. La dette publique devient le mode d'attaque préféré des néolibéraux parce qu'elle permet de tout justifier. C'est, comme le souligne Jacques Rigaudiat, ancien conseiller social de Lionel Jospin et de Michel Rocard, une « arme de dissuasion sociale massive[12] ».

Peu importe que la dette publique ait surtout augmenté en raison de la baisse des cotisations accordées aux entreprises pour soutenir l'emploi[13], donc de subventions peu rentables au secteur privé. Peu importe que les crises ne trouvent que très rarement leur origine dans la dette publique, mais bien plutôt dans la dette privée, et que les marchés n'aient jamais été réellement inquiets de la France, un pays qui n'a pas connu de faillite depuis 1797. Peu importe encore que, pour réduire la dette, il n'existe pas de meilleure solution que l'inflation et la croissance, et non la déflation et la cure d'austérité. En réalité, peu importe, parce que l'essentiel est de s'appuyer sur un argument apparemment de bon sens : un ménage lambda ou une entreprise ne pourrait pas fonctionner comme l'État[14]. Là encore, l'argument est peu crédible : un État n'est pas un ménage, il est censé « vivre » plus longtemps et dispose d'une capacité de mobilisation des ressources qui n'est pas comparable. L'argument touche pourtant immédiatement les citoyens par l'évidence de la comparaison et a été un élément central de la tentative de conversion des

12 Jacques Rigaudiat, *La Dette, arme de dissuasion sociale massive*, Éditions du Croquant, Vulaines-sur-Seine, 2018.

13 Un rapport de 2010 signalait que l'effet cumulé sur la dette française en dix ans des baisses de prélèvements serait de 20 points de PIB, auxquels il faut ajouter 400 milliards d'euros d'intérêts. Voir : Jacques Rigaudiat, *op. cit.*, p. 41.

14 C'est l'argument repris par Bruno Le Maire, ministre de l'Économie et des Finances depuis 2017, ancien proche de Nicolas Sarkozy et candidat à la primaire de la droite sur un programme très néolibéral, lors de sa prise de fonction le 17 mai 2017 : « Dans une famille, on ne dépense pas plus d'argent qu'on en gagne. Je souhaite qu'en France ce soit exactement la même chose. »

Français à la logique néolibérale. Cependant, le fond de l'argument de la dette reste le même que celui du déclin, c'est un chantage qui repose sur ce faux choix : accepter les réformes ou accepter la faillite.

Parallèlement, ce discours s'accompagne d'une survalorisation continuelle des succès étrangers, comme si le déclin français se dessinait toujours en miroir du succès des autres. La glorification de ces modèles présente deux avantages : prétendre que le succès est possible dans le régime néolibéral pour peu qu'on en accepte la logique intégrale et renvoyer les raisons de l'échec français à la voie originale choisie par les politiques et la population en mettant en avant des références internationales. Le problème est que ces comparaisons ne sont guère convaincantes. Il faut donc s'adapter et changer de modèle dans le sens du vent. L'art d'avoir toujours raison est une des caractéristiques des néolibéraux qui ne peuvent avoir tort, puisque, si les réformes échouent, c'est qu'elles n'ont pas été suffisantes ou qu'il en faut de nouvelles.

Dans les années 1980-1990, la référence était le Royaume-Uni et les États-Unis. Leur réussite met en relief le retard français supposé d'alors. L'Allemagne qui traverse une profonde crise, après la réunification, n'est que rarement évoquée, à la différence de la décennie précédente. Elle redevient une référence après les réformes Schröder, au moment où la crise de 2008 rend le miracle anglo-saxon moins attirant. Mais la paupérisation qui les accompagne rend là aussi l'usage de cette comparaison délicate. D'autant que plusieurs études ont montré que le moteur du succès allemand n'était pas les réformes mais bien la déflation salariale[15]. Encore une fois, peu importe, on choisit parmi

15 Romaric GODIN, « Le mythe du succès des réformes sociales en Allemagne », Mediapart, 4 août 2017.

les données, et on concentre le propos sur quelques points, la baisse du chômage ou des déficits publics, en évitant d'évoquer leurs revers (fragmentation de l'emploi et baisse des investissements publics).

Selon ce qu'on veut montrer et défendre, on peut même avoir recours à d'autres exemples : l'Espagne est utilisée pour prouver que, si l'on baisse les salaires, on peut avoir de la croissance. La Suède et le Canada sont mis en avant pour leurs politiques de réduction des dépenses publiques. Le Danemark pour sa « flexi-sécurité » sur le marché du travail. La Suède et même l'Italie sont saluées pour les réformes des retraites. Tous ces exemples sont souvent dénués de sens, puisqu'on leur enlève toute réalité concrète (contexte de la réforme, appréciation de la population, contexte historique et politique). Mais il s'agit avant tout de faire taire toute opposition au néolibéralisme par des arguments apparemment indiscutables.

La science ou le fascisme

Le dernier de ces arguments de la critique néolibérale contre le modèle français, c'est l'argument d'autorité. Tout ce qui est avancé précédemment est considéré comme relevant des lois inaltérables de l'économie. On se souvient combien le consensus scientifique des années 1990 a pu donner de force à cette pensée. Ceux qui le refusaient, refusaient la science et étaient considérés comme des « négationnistes ». Le terme, lourd de sens, a été utilisé par Pierre Cahuc et André Zylberberg, deux économistes et représentants du nouveau consensus, dans un pamphlet pour désigner les résistants à cette pensée[16]. De même, plusieurs *think tanks* ont multiplié les enquêtes pour

16 Pierre Cahuc et André Zylberberg, *Le Négationnisme économique, et comment s'en débarrasser*, Flammarion, Paris, 2016.

ramener le manque d'appétit des Français à un « manque de culture économique[17] ». Ils s'appuient souvent sur un calcul contestable d'Edmund Phelps, lauréat en 2006 du « prix Nobel » d'économie pour ses travaux néolibéraux sur la théorie de la croissance et le taux de chômage naturel, qui estimait à un point de PIB le coût de cette inculture[18].

Ces arguments destinés à faire taire quiconque s'oppose au néolibéralisme seraient plutôt dérisoires tant le discours est autoréalisateur : on demande à une population rétive ses connaissances en économie néolibérale. On constate qu'elle en rejette les conclusions et, comme on identifie l'économie au néolibéralisme, on estime que l'inculture est la source du malheur du peuple. C'est d'autant plus dérisoire et factice que certains arguments brandis par ces grands esprits, notamment sur la dette publique, n'ont aucun sens. Le ratio de la dette publique rapportée au PIB, déployé pour effrayer sur les niveaux atteints, est ainsi fort étrange. C'est en effet un rapport entre un stock de dettes qui doit être remboursé par l'État à des échéances diverses, étalées sur des années, et un flux de richesses créées en un an par l'ensemble de l'économie. Les deux éléments ne sont pas directement en rapport l'un avec l'autre. Quant au calcul des dépenses publiques, il est tout aussi étonnant, puisqu'il inclut des dépenses qui sont des ressources pour d'autres agents et donc contribuent à la dépense privée. L'économiste Christophe Ramaux a établi que, calculée sur les mêmes bases statistiques que les dépenses publiques, les dépenses privées s'élèveraient à 200 % du PIB – ce qui

17 C'est notamment le cas de l'institut Sapiens qui a publié une note à ce sujet le 10 mai 2018, intitulée : « Comment élever le niveau des Français en économie ? ».

18 Jean-Michel FOURGOUS, « Les Français et l'économie : je t'aime, moi non plus », *Les Échos*, 28 novembre 2011.

est absurde[19]. Autrement dit, à inculte, inculte et demi. À moins que, précisément, l'utilisation de telles données douteuses ne contribue à renforcer le chantage. Mais alors, l'argument scientifique doit être oublié…

En réalité, cet argument lui-même doit être compris comme une stratégie visant à constituer un bloc social en faveur du néolibéralisme. Dès lors que l'on se place hors du champ scientifique, on se situe hors de la raison et hors du débat démocratique. Puisque les seules politiques durables possibles sont les politiques néolibérales, ceux qui les récusent ne cherchent qu'à tromper le peuple. On les accuse de démagogie, de « populisme » et d'extrémisme. L'irrationalité, autrement dit, le refus de la raison néolibérale, mène à la dictature selon les néolibéraux. Et cela forme pour eux un argument d'autorité majeure : nous ou le chaos.

Peu importe que cette accusation soit portée contre un modèle économique issu d'un compromis démocratique et politique, et que ceux qui la portent défendent une vision maximaliste, extrémiste même, du néolibéralisme. Car l'essentiel est d'aboutir au discrédit des oppositions et des alternatives. C'est un argument classique des néolibéraux que d'associer les réformes à la lutte contre le totalitarisme. Ronald Reagan en avait fait son principal argument de campagne dans les années 1980. Les élites françaises ne sont pas en reste. La Fondation Saint-Simon, créée au début des années 1980 par l'historien François Furet et l'essayiste Pierre Rosanvallon, réunissant des chefs d'entreprise, des journalistes… Alain Minc et Denis Olivennes, a fait de cette identité entre néolibéralisme et antitotalitarisme son cheval de bataille. Selon la Fondation, refuser l'ordre néolibéral revient à adhérer à un régime totalitaire.

---

19 Christophe Ramaux, « Calculée comme la dépense publique, la dépense privée dépasserait 200 % du PIB », Rue89, 7 mai 2014.

L'argument a un peu perdu de sa force avec la fin du régime soviétique, mais il reste des contre-exemples auxquels on peut renvoyer ses adversaires, comme Cuba ou la Corée du Nord (et bientôt le Vénézuela). Il est important de signaler que le FN a joué ici un rôle hautement utile. Toute opposition aux réformes s'est transformée en une adhésion au FN, lequel prospérait en partie sur le rejet des réformes. Dans les années 1990 et 2000 le FN est un épouvantail, si bien que les gouvernements tentent de modérer les réformes pour empêcher sa progression. Cependant, cette stratégie est contestée par les élites qui, au contraire, estiment que la défense de la démocratie et celle des réformes doivent se confondre. Lutter contre le FN doit donc passer par plus de réformes. Le camp de la raison devenait bientôt celui du bien, et un nouveau chantage se présentait opportunément : ou l'on acceptait l'idée d'une plus forte accumulation du capital dans l'économie française et des réformes du marché du travail, ou l'on était un allié objectif du fascisme. C'est cette stratégie qu'Emmanuel Macron utilisera pleinement en 2017. Mais, si cette stratégie a été possible, si ce changement de perception du FN par les néolibéraux a été possible, c'est qu'entre-temps la crise de 2008 a changé la donne. Reste que ce changement de stratégie dénote aussi un nouveau mouvement au sein du néolibéralisme français. Celui d'une radicalisation devant l'inutilité des offensives menées depuis quarante années.

La radicalisation du néolibéralisme français

La commission Attali

On se souvient que le pari de Nicolas Sarkozy était de réaliser un pacte avec une partie de l'électorat nationaliste : lui faire accepter les réformes néolibérales en échange d'une politique sécuritaire et xénophobe. C'était un moyen d'élargir le bloc social favorable au néolibéralisme. Aussitôt élu en mai 2007, le président charge Jacques Attali, ancien secrétaire général de l'Élysée de François Mitterrand et un des modernisateurs de gauche les plus en vue, de former une commission « pour la libération de la croissance ». Le terme, sans équivoque, fait référence à un des piliers du consensus néolibéral : la croissance endogène. Il s'agit de savoir comment l'on peut, par des réformes de structure, renforcer la croissance potentielle du pays. Cette notion de croissance potentielle, autrement dit la croissance qui serait produite hors des mouvements de conjoncture et des conditions historiques de la production de richesse, est fondamentalement néolibérale : c'est une de ces abstractions que le courant affectionne le plus, parce qu'elle fait l'économie du temps et de la réalité.

La constitution de la commission, réalisée par Jacques Attali, laisse également peu de doutes sur son orientation. C'est un panel de grands patrons des secteurs privé et public, de hauts fonctionnaires et d'éditorialistes néolibéraux. La quintessence même de cette élite néolibérale issue de la fusion entre le libéralisme français traditionnel et les modernisateurs. On y trouve aussi un jeune banquier d'affaires, ancien inspecteur des finances, Emmanuel Macron, rapporteur adjoint de la commission… Le constat est simple : cette commission qui se déclare neutre représente avant tout, par sa composition, les intérêts du capital, même si, comme le veut le discours néolibéral, elle se pare des atours chatoyants de la justice sociale et de la lutte contre les inégalités.

La commission Attali reprend à son compte trente années de critiques néolibérales du modèle français. Son constat est semblable à celui d'Yves Montand en 1984 et à celui d'Alain Minc en 1994 : par son refus de réaliser des réformes courageuses et nécessaires, dictées par le bon sens et la science économique, la France s'enfonce dans le déclin. Le rapport la commission Attali est un concentré des mêmes arguments. Mais le ton change, et la méthode aussi.

Les premiers mots de l'introduction – « Le moment est venu » – trahissent à la fois une urgence où pointent menace et impatience. Puis vient l'argument d'autorité : « Ce rapport n'est ni partisan ni bipartisan, il est non partisan » (il l'est parce qu'il est le produit de l'expertise, de la science et de la raison). De ce fait, il ne serait donc pas contestable, sauf à donner dans une politique forcément négative, parce qu'elle braderait le bien suprême du pays, la croissance potentielle, qui est hors du temps et des calculs politiques du moment. Il y a là presque une forme de transcendance déjà observée comme une des caractéristiques de l'application du néolibéralisme. Ce qui est énoncé dans ce rapport serait la vérité ; et l'on ne transige pas avec la vérité. Enfin, l'introduction prévient que les 316 mesures proposées constituent un bloc, un ensemble cohérent, et qu'il faut les accepter en bloc.

La commission Attali est d'abord celle d'un constat d'échec des élites : leur ambition de convertir la France au néolibéralisme intégral n'a pas réussi. La conversion n'a été que partielle, faite de mauvaise grâce et souvent moyennant des concessions fortes. C'est pour les rapporteurs une raison de rage : « Les conséquences de ce conservatisme sont catastrophiques. » Cette commission révèle aussi que les élites n'ont pas rendu les armes. Leurs échecs répétés ne les ont pas lassées, loin de là, ils les ont même radicalisées. Désormais, ce n'est plus seulement le modèle français qui est l'ennemi, c'est sa source : la vie politique et sa tendance au compromis social.

Cette stratégie du tout ou rien est le signe d'une radicalisation des élites néolibérales. Il faut à tout prix abattre l'hybridation du modèle français en le rapprochant de la pureté de la vérité néolibérale. Cette commission marque en cela un tournant. L'offensive culturelle ayant échoué au cours des trente dernières années, vient maintenant cette tentative de passage en force. Le message est clair : les élites ne veulent plus attendre et sont décidées à agir. Le capital entend bien prendre sa revanche sur le travail et sur un système politique qui a trop transigé avec lui. La fenêtre d'opportunité que représente le début du quinquennat Sarkozy doit être la bonne.

Présentées une première fois en janvier 2008, puis à nouveau en octobre 2010, les 316 propositions du rapport proposent un système qui n'est autre que celui de Thiers précédemment cité : il faut donner la priorité au rendement du capital et, pour cela, il faut à la fois libéraliser le marché intérieur de biens et services, par exemple par la fin des professions réglementées (pharmacies, taxis, etc.), et libéraliser le marché du travail. La baisse des salaires que provoquera le second mouvement sera compensée par la baisse des prix du premier. Conjointement, pour réduire encore le coût du travail, il faut transférer les cotisations sociales sur d'autres impôts (la CSG ou la TVA). Cette modification est primordiale, parce qu'elle transfère le financement et la gestion du système social, non plus aux partenaires sociaux, mais à l'État. L'État n'est donc plus neutre dans le système social, il en est un acteur qui, s'il suit une politique raisonnable, défendra les intérêts du capital. Bien plus que de simples baisses de cotisations, qui sont réalisées depuis des décennies, cette idée affaiblit profondément un des cœurs de la concertation sociale et laisse ouverte à nouveau la possibilité d'une guerre sociale.

Enfin, la commission exige une baisse des dépenses publiques acquise par la réduction du nombre de fonctionnaires, des économies sur les retraites et la conditionnalité des transferts sociaux à l'intégration au marché du travail. En 2010, la commission prévoit pas moins de 75 milliards d'euros d'économies en trois ans et un recul de 1 point du ratio de dépenses publiques par rapport au PIB. Elle réclame l'austérité pour « libérer » la croissance du secteur privé, reprenant un des points les plus fréquents de la pensée néolibérale : l'État empêche le développement du marché, donc de la richesse créée.

La commission Attali constitue plus qu'un énième rapport. Elle signale un changement de ton, une impatience des élites néolibérales qui veulent en finir avec la spécificité française et faire revenir le mouvement de balancier en faveur du capital. Elle dénote aussi un changement de méthode : désormais le programme est complet, il est prêt et n'a plus qu'à chercher sa traduction concrète dans une action « non partisane » qui dépasserait le politique. Cette commission n'est pas seulement la genèse du macronisme, parce qu'Emmanuel Macron y a participé. Elle est au cœur de la pensée politique et économique du président de la République : sa doctrine est que, dorénavant, rien ne doit plus stopper le néolibéralisme en France.

La crise de 2008 ou la ruse de l'histoire

Lorsque, le 23 janvier 2008, Nicolas Sarkozy reçoit les premières conclusions de la commission Attali, elles lui « paraissent très raisonnables ». Il croit qu'il pourra gagner son pari en faisant accepter cet agenda néolibéral à une partie de l'électorat tenté par le FN. Simplement, la situation financière et économique mondiale se dégrade vite. En juillet 2007, le marché des produits structurés de crédit immobilier appelés *subprimes* s'est effondré en raison du ralentissement économique et de l'incapacité des ménages états-uniens de rembourser leurs dettes. Le secteur financier mondial est sur le fil du rasoir. L'avis général des économistes et des politiques à l'époque est qu'il s'agit d'une crise limitée aux États-Unis, pays bien connu pour les excès du « laisser-faire ». Dans ce contexte, la poursuite des travaux de la commission Attali montre combien les néolibéraux français sont incapables de faire le lien entre leur volonté de « libérer la croissance » et ce qui se passe sur les marchés financiers mondiaux.

Pourtant, on l'a vu, la libéralisation et le développement des marchés financiers sont à la fois une conséquence et une condition de survie du paradigme néolibéral. En 1983, le « tournant de la rigueur » s'était immédiatement accompagné d'une libéralisation de la finance en France. Le même mouvement a pu être observé aux États-Unis, en Suède ou au Royaume-Uni. La finance est le moteur du mouvement des capitaux. Il ne peut être bridé, et il a besoin de carburant, à savoir l'épargne mondiale. C'est pourquoi Bill Clinton, à la fin de son mandat en 1999, met fin au *Glass-Steagall Act* qui prohibe la fusion des banques de dépôts et des banques de marché. Il faut que les dépôts des clients alimentent le secteur financier.

Ce qui a lieu entre l'été 2007 et l'été 2008 est donc bien une crise du néolibéralisme. L'immense secteur financier « transatlantique », qui a pallié en grande partie à la baisse de la croissance de la productivité depuis les années 1970 et organisé la mondialisation des échanges, commence à s'effondrer. Et à plomber la confiance et la croissance mondiales. Les excès du système éclatent au grand jour et rendent l'idée d'une plus forte libéralisation de l'économie peu crédible. De façon très significative, cette crise intervient alors même que les économistes néolibéraux aux États-Unis attendaient une crise ailleurs : dans l'immense déficit public de Washington[20]. C'était évidemment là, dans un État « en faillite », que devait résider la faiblesse de

20 Adam Tooze, *Crashed. Comment une décennie de crise financière a changé le monde*, Les Belles Lettres, Paris, 2018, p. 131.

l'économie mondiale, et non pas dans un système financier soumis à des marchés efficients.

Rien d'étonnant, donc, à ce que la commission Attali ne voie pas le rapport entre les *subprimes* et les mesures qu'elle préconise. Mais ce n'est pas le cas de l'opinion publique. Le lendemain de la présentation du premier rapport de cette commission, le 24 janvier 2008, la Société Générale annonce qu'elle a perdu 5 milliards d'euros dans le pari hasardeux d'un de ses traders. Les excès de la finance, un des secteurs les plus libéralisés de France, apparaissent alors au grand jour. Comment dès lors défendre l'idée que le bonheur du pays passe par davantage de libéralisation ? En outre, la situation se dégrade : en mars 2008, la banque Bear Stearns est mise en faillite de fait après avoir été renflouée par la Fed, la banque centrale états-unienne, et rachetée par JP Morgan. L'affaire révèle que les banques de Wall Street sont durablement affaiblies par la crise ; la confiance s'évapore. Le 15 septembre 2008, l'annonce de la faillite de la banque d'affaires Lehman Brothers met un coup d'arrêt brutal à la croissance mondiale, provoquant une récession inédite depuis la guerre.

Dès le deuxième trimestre 2008, la croissance française se contracte. Nicolas Sarkozy est contraint de remettre à plus tard les conclusions de la commission Attali. Libéraliser le pays et détruire les filets de sécurité sociaux au moment où le pays en a besoin est impensable. À l'automne 2008, le président français est même le plus fervent avocat d'une réaction de type keynésienne au niveau mondial. Il s'oppose à Angela Merkel qui continue, en bonne ordolibérale, de défendre l'ajustement du marché et sa capacité à trier le bon grain de l'ivraie. Le gouvernement français fait alors jouer à plein les stabilisateurs automatiques, ce qui permet de réduire l'impact de la crise (deux fois moins forte qu'en Allemagne en termes de perte de PIB) et creuse le déficit : les transferts sociaux augmentent, et la croissance s'effondre. En 2009, le déficit français atteint 7,2 % du PIB.

Ce déficit aurait pu être effacé par une politique vigoureuse de relance de la demande. Mais les plans de relance européens sont faibles et sans relief. Mi-2009, l'économie mondiale rebondit grâce à deux facteurs : la demande chinoise, soutenue par un fort plan de relance de Pékin, et la politique monétaire très accommodante aux États-Unis. Ceci profite fortement à l'Allemagne par ses exportations. La France, en revanche, peine à repartir, puisque la BCE maintient une politique restrictive et qu'il n'y a pas de plan de relance européen. Le déficit reste fort en 2010, à 6,9 % du PIB.

L'heure est alors venue pour les néolibéraux de contre-attaquer. Dans une ruse de l'histoire classique, ils utilisent la crise pour pousser leurs pions et tenter d'imposer leurs réformes. L'occasion dont ils se saisissent est la crise grecque qui éclate à l'automne 2009 et atteint son premier paroxysme en mai 2010. La crise grecque est une « queue de comète » de la crise de 2008 mais devient une opportunité inespérée de mettre l'accent sur les risques liés aux déficits et à la dette publique. Oubliant opportunément que cette crise trouve son origine dans la mauvaise gestion de la crise financière, les néolibéraux exigent immédiatement que les déficits soient réduits rapidement pour éviter les crises et renforcer la « croissance potentielle ».

Sur le plan intellectuel, cette crise européenne étouffe la brève renaissance des idées keynésiennes non néolibérales, notamment celles de Hyman Minsky, théoricien de l'instabilité de la finance, revenues à la mode en 2007-2008[21] avant d'être enterrées en 2010. Ceux que l'on écoute à

21 George Magnus, « What this Minsky moment means », *Financial Times*, 22 août 2007.

nouveau sont les défenseurs de l'idée qu'on renforce la croissance par la baisse des déficits, tels Alberto Alesina. L'heure est à l'austérité, autre nom de la « rigueur » de 1983. La logique est comme chaque fois imparable : face à la crise de la dette, l'État va réduire drastiquement ses dépenses et réaliser des réformes structurelles. Il dynamisera ainsi le secteur privé et renforcera la croissance. Tout le monde se rallie à cette idée, y compris le principal économiste néokeynésien, un des pères du « consensus néolibéral », Olivier Blanchard, chef économiste du FMI, en charge de l'évaluation du « plan d'aide » à la Grèce[22]. L'idée dominante de cette année 2010 est résumée par Jean-Claude Trichet, président de la BCE : « C'est une erreur que de croire que la rigueur budgétaire s'oppose à la croissance et à la création d'emplois. [...] Les économies qui se lancent dans des politiques de rigueur qui crédibilisent leur politique budgétaire renforcent la confiance, la croissance et la création d'emplois[23]. »

Le néolibéralisme finit par imposer son agenda sur ses propres ruines. Et la France n'échappe pas à l'air du temps. Le 15 octobre 2010, un deuxième rapport de la commission Attali est présenté à Nicolas Sarkozy, soulignant deux urgences : la « consolidation des finances publiques » et le « rétablissement de la compétitivité ». La logique de Trichet s'impose, et le président de la République va d'autant plus y céder que, le 19 octobre 2010, lors de la fameuse « promenade de Deauville », il passe un accord avec Angela Merkel sur ce point.

---

22 Comme cela sera révélé plus tard, Olivier Blanchard ne croyait guère à ses propres prévisions mais a préféré les valider, ce qui démontre alors l'état d'esprit dominant de l'époque. Lire à ce sujet : Paul BLUSTEIN, *Laid Low : Inside the Crisis that Overwhelmed Europe and the IMF*, Center for International Governance, Waterloo (Canada), 2016, p. 110-111.

23 Interview accordée à *Libération* le 13 juillet 2010.

Le sommet franco-allemand dans la station balnéaire normande va déterminer une grande partie de la politique économique future de la France. Au moment de cette rencontre, la crise grecque s'est transformée en crise européenne. L'Irlande et le Portugal sont au bord du gouffre, l'Espagne et l'Italie sous la pression des marchés. Le « sauvetage » de la Grèce de mai 2010 est déjà un échec. Nicolas Sarkozy veut obtenir de l'Allemagne un fonds commun pour servir de « pare-feu » à la crise. Angela Merkel pose ses conditions : d'accord pour ce fonds, mais il faut des assurances pour l'avenir, avec des règles européennes plus strictes et une politique d'austérité généralisée pour réduire la dette dès à présent. Ce que propose la chancelière est simple : ce fonds n'est possible que si les risques se réduisent. Et cela concerne aussi la France qui devra réduire son déficit dès 2011. Nicolas Sarkozy oublie les tentations keynésiennes qui l'avaient conduit à l'affrontement avec Angela Merkel. Désormais, l'heure est à « Merkozy », et le président français s'aligne sur la pensée économique allemande. Le néolibéralisme est de nouveau inscrit à l'ordre du jour en France.

L'offensive du néolibéralisme en France (2010-2017)

Pour appuyer sa politique néolibérale, Nicolas Sarkozy ne peut guère plus compter sur sa stratégie de 2007 pour l'imposer dans l'opinion. Avec la crise financière et la crise européenne, la base sociale de l'acceptation des recettes proposées est encore plus étroite. En janvier 2011, Marine Le Pen, la nouvelle présidente du FN, entend du reste abandonner le thatchérisme historique de son père et défendre des positions plus sociales, tout en continuant de lier la défense du modèle social français à la xénophobie qu'implique la « préférence nationale » et à une politique sécuritaire. Le président de la République voit son soutien se réduire à la droite traditionnelle. Il tente alors de défendre l'idée que ses réformes sont nécessaires à la sauvegarde de l'Europe pour rallier les modérés. C'est une stratégie habituelle, déjà menée en 1983 et en 1995 par François Mitterrand et Alain Juppé, d'identifier la nécessité des réformes à la poursuite du partenariat européen de la France. Un chantage de plus – le néolibéralisme ou la destruction de l'Europe – dans la stratégie néolibérale en France. Mais il ne sera guère fécond pour Nicolas Sarkozy, pas davantage qu'il ne l'avait été pour la gauche en 1986 et pour la droite en 1997.

Lors de l'élection présidentielle de mai 2012, la base sociale néolibérale prouve encore son insuffisance. Le président est battu au second tour par le candidat socialiste François Hollande, qui a séduit les adversaires du néolibéralisme par son discours du Bourget (où il déclare que son « ennemi, c'est la finance » dans un discours plutôt social). C'est ce qui lui permet de contrer Nicolas Sarkozy, qui a tenté en vain de répéter la stratégie de 2007. La sécurité et la xénophobie ne sont donc plus des éléments suffisants de ralliement au néolibéralisme.

Mais François Hollande a-t-il jamais eu l'ambition de respecter ses promesses ? En tout cas, il est fasciné par le modèle allemand. Le 23 mai 2013, lors du congrès des cent cinquante ans du parti social-démocrate allemand (SPD), il vante les mérites des lois Hartz et de Gerhard Schröder devant des délégués plutôt soucieux de faire oublier ce passé qui a coupé le parti d'une grande partie de sa base populaire. À son arrivée à l'Élysée, il choisit Emmanuel Macron, un des rédacteurs du rapport Attali, comme secrétaire adjoint pour le conseiller sur les questions économiques. François Hollande est un néolibéral convaincu, qui considère qu'il peut conserver l'adhésion de la gauche par une politique fiscale centrée sur les plus riches, des réformes de société et quelques gestes symboliques. Là où Sarkozy avait essayé de faire accepter le néolibéralisme à la droite par la sécurité, Hollande expérimente une autre stratégie sur sa gauche, en tentant de le faire adopter par une politique fiscale et « sociétale » de gauche. Cependant, lui aussi va échouer, preuve s'il en faut encore de la résistance profonde du pays à cette évolution.

Les politiques menées à partir de 2010 peuvent être divisées en deux phases qui correspondent exactement aux deux priorités avancées par le rapport Attali d'octobre 2010. D'abord, la consolidation budgétaire, entre 2011 et 2014, qui est considérée comme le produit de la crise de la zone euro. Les budgets 2011 et 2012 votés par la droite sont très restrictifs. Ils s'appuient notamment sur une importante réforme des retraites imposées en 2010 qui revient sur l'âge minimal de départ en retraite que François Mitterrand, en 1981, avait abaissé à soixante ans. Alors que, depuis, de nombreux pays ont relevé cet âge, notamment l'Allemagne qui, en 2005, a décidé de remonter cet âge à soixante-sept ans en 2030, nul en France n'avait osé toucher à ce qui apparaissait comme un acquis incontournable. La réforme de 2010 relève cet âge de deux ans et fixe à soixante-sept ans l'âge minimal donnant droit à une retraite sans décote. La contestation à l'automne 2010 est vive, et on compte, de sources policières, plus de 1,3 million de personnes dans les rues le 12 octobre. Mais Nicolas Sarkozy ne cède rien ; l'heure a changé : la mobilisation sociale ne conduit plus à faire de concessions, comme dans les années 1980 et 1990.

À partir de 2012, la consolidation budgétaire s'appuie principalement sur des hausses d'impôts, notamment pour les classes moyennes. L'effet est certes redistributif, mais il n'est guère perçu comme tel, car il s'accompagne de restrictions sur les dépenses publiques dont la croissance est fortement réduite à 0,9 % sur le quinquennat Hollande (contre 1,4 % sous le quinquennat Sarkozy et 2,1 % sous le dernier quinquennat Chirac), tandis que la crise de la zone euro pèse sur l'emploi. L'objectif national des dépenses d'assurance maladie (ONDAM), par exemple, est depuis 2010 strictement respecté, mais avec un objectif compris entre 2 % et 2,5 % qui demeure largement inférieur aux besoins. Ce qui se traduit par une dégradation continue de l'offre de soins, surtout hospitalière. Parallèlement, sous l'influence du bon conseiller Emmanuel Macron, François Hollande renonce à une taxe de 75 % sur les plus riches, par ailleurs mal ficelée, et relève les taux de TVA pour 6 milliards d'euros – une mesure similaire à celle projetée par Nicolas Sarkozy et dans un premier temps annulée par le gouvernement socialiste.

Souvent, les néolibéraux réfutent l'existence d'une politique d'austérité en France à partir de 2010. Elle est pourtant réelle, surtout sur le plan fiscal, mais aussi dans ce ralentissement de la croissance des dépenses qui marque une véritable rupture avec le passé. Selon les chiffres de la Commission européenne, entre 2010 et 2013, l'ajustement structurel français a été le deuxième plus fort de la zone euro après celui de l'Espagne. Si le ratio de dépenses publiques sur le PIB (dont on a vu qu'il était absurde) et celui du déficit sur le PIB ne baisse pas, c'est surtout parce que la croissance a été faible. Et ce, pour deux raisons : le contexte européen d'austérité généralisée jusqu'en 2014 et la politique budgétaire en France.

À partir de 2013, le président Hollande entre plus franchement dans une nouvelle phase néolibérale où il entend traiter la deuxième priorité du rapport Attali : la compétitivité. Cette politique est confirmée en septembre 2014 avec l'exclusion des ministres critiques envers ce changement (Benoît Hamon, Aurélie Filipetti et Arnaud Montebourg) et l'entrée d'Emmanuel Macron au gouvernement sous la direction de Manuel Valls. Elle s'appuie sur deux axes : une baisse du coût du travail par un très généreux crédit d'impôt à la compétitivité emploi (CICE) d'un montant de près de 20 milliards d'euros par an, qui est ainsi transféré du budget vers les entreprises, et une politique de libéralisation des marchés des biens et de l'emploi par les lois Macron (2015), Rebsamen (2015) et El-Khomri (2016). Cette dernière loi flexibilise fortement le marché du travail en réduisant le recours aux juges et en favorisant la négociation au plus près de l'entreprise. En début de mandat, François Hollande avait renoncé, pour des raisons de compétitivité et d'emploi, et sous la pression du lobby bancaire, à réguler la finance à nouveau, notamment en introduisant une forme de *Glass-Steagall Act* à la française[24]. Une réforme *a minima*, totalement indolore pour le secteur bancaire, a finalement été votée. Pour la forme.

Le tournant de 2010 est confirmé en 2014, même si l'on passe d'une urgence budgétaire « quantitative » à une volonté structurelle. Désormais, la classe politique française tend à accélérer le cours néolibéral de la politique économique du pays. Cette évolution est elle-même favorisée par l'évolution de l'UE après la crise de la zone euro. Les directives « Two-Pack » et « Six-Pack » en 2011 et 2013 renforcent la surveillance des budgets nationaux, et le traité sur la stabilité, la croissance et la gouvernance (TSCG), encore appelé « pacte budgétaire », voté en septembre 2012 par la nouvelle majorité socialiste, établit un chemin de désendettement pour les États. Ces dispositions représentent le prix demandé par l'Allemagne à Deauville. Elles ont joué un rôle certain dans l'évolution économique française. Néanmoins,

---

24 Lire à ce sujet : Adrien DE TRICORNOT, Mathias THÉPOT et Franck DEDIEU, *Mon amie, c'est la finance*, Bayard, Paris, 2014, où le processus de réduction *a minima* de cette loi est soigneusement décrit.

la Commission européenne a fait le choix de privilégier, à partir de 2013 dans le cas français, la mise en place des réformes structurelles aux objectifs de déficit, acceptant une baisse plus modérée (mais réelle) de ce dernier. Le mouvement est donc favorisé au niveau européen, mais son ressort est principalement national. C'est le fruit de l'évolution entamée à partir de 2007 lors de la première commission Attali.

Cette offensive néolibérale vient bousculer en profondeur les équilibres du système français. Il ne s'agit plus de l'adapter au néolibéralisme mais de le faire évoluer de façon globale vers le néolibéralisme. Les réformes du marché du travail, notamment, par la réduction du rôle des juges et de la négociation de branches et par la facilitation des licenciements, visent à renforcer le pouvoir du patronat sur les salariés. Ce déséquilibre est encore accentué par les mesures fiscales car, outre la baisse des déficits, les ménages ont également payé les transferts faits aux entreprises avec le CICE. Selon l'OFCE, tous les ménages ont vu leurs revenus baisser entre 2008 et 2016, même si les mesures fiscales ont un peu corrigé le montant pour les plus pauvres.

Après Nicolas Sarkozy, le PS soutient ouvertement le capital contre le travail. Ce soutien ne prend plus simplement la forme de quelques réformes, mais d'une batterie de réformes qui se suivent et ont vocation à créer un « choc de confiance » pour les investisseurs. Cette situation s'accompagne d'un refus d'écouter le profond rejet de ces mesures. Le gouvernement Valls assume l'impopularité des réformes. Certes, des ajustements sont concédés sur la loi travail, notamment sur les indemnités prud'homales qui ne seront soumises qu'à des barèmes indicatifs et non contraignants (ce qui provoque l'indignation des néolibéraux, à commencer par Emmanuel Macron). Mais on affirme le passage en force pour l'essentiel de la loi. L'opposition interne au PS, les « frondeurs », est complètement ignorée. Manuel Valls recourt à l'article 49.3 six fois, dont trois pour la loi Macron et trois pour la loi El-Khomri. En 2012, déjà, les députés qui hésitent à voter le TSCG sont menacés de perdre l'investiture PS. L'idée d'un passage en force fait son chemin. Il y a le sentiment que, comme l'annonçait le premier rapport Attali, « le moment est venu ». On ne transige plus.

Cette politique laisse la France dans une situation de haute tension. Si la population la rejette globalement sans être écoutée, les élites néolibérales reprochent au gouvernement socialiste comme à celui de Nicolas Sarkozy d'avoir gâché la fenêtre d'opportunité qu'ouvrait la crise : en restant trop timides et en privilégiant l'austérité fiscale qui a « fait fuir les riches ». Les élites réclament des mesures plus énergiques. Cette politique fiscale qui a frappé de plein fouet les classes moyennes, se traduit par un « ras-le-bol fiscal » souvent dirigé contre ceux qui bénéficient de la solidarité nationale mais aussi parfois contre les plus riches qui pratiquent l'évasion fiscale. L'équilibre plus ou moins stable construit entre 1988 et 2008, entre les élites néolibérales et une population rétive, s'effondre en quelques années.

Désormais, les classes sociales sont les unes en face des autres, concurrentes et défiantes. La victoire d'Emmanuel Macron à la présidentielle de 2017 va transformer cette tension en confrontation.

4

L'inévitable guerre sociale

Qu'est-ce que le macronisme ?

Emmanuel Macron a été élu président de la République le 7 mai 2017, à une large majorité de 66,1 % des suffrages exprimés au second tour. Mais cette victoire exprime davantage le rejet de son adversaire Marine Le Pen qu'une adhésion à son programme. C'est pourtant en partant de cette adhésion que le nouveau président va gouverner. Ministre de l'Économie de François Hollande pendant deux ans (2014-2016), il a construit un mouvement politique sur une idée : celle d'imposer en France le néolibéralisme dont les élites rêvent depuis quatre décennies, afin d'en réaliser la promesse sociale. Sa victoire est l'aboutissement de l'offensive néolibérale contre le modèle hybride français, mais aussi de l'effondrement politique qui a suivi.

Une pensée profondément néolibérale

Corédacteur du deuxième rapport Attali, Emmanuel Macron en est la conséquence directe et la traduction politique exacte. Ses idées économiques pourraient se résumer au texte de ce rapport. Son livre-programme *Révolution* est, de ce point de vue, un bréviaire de la pensée néolibérale dans sa version radicalisée de la fin des années 2000. Il s'appuie sur l'idée du déclin français en raison de son refus de s'adapter à l'ordre néolibéral qui, partout, domine : « Chaque jour, notre pays s'affaiblit de ne pas être adapté à la marche du monde[1] », une France « à l'arrêt[2] » quand les autres pays avanceraient. Ce déclin rend la France « malheureuse de ce qu'elle est devenue[3] ». Pour une raison simple : en refusant le néolibéralisme, la France refuse le réel. Or Emmanuel Macron est un homme résigné : « Peut-on remplacer le monde tel qu'il va ? Je ne le crois pas[4]. » Refuser le néolibéralisme, c'est donc vouloir « soustraire la France au cours du monde[5] ».

On voit se dessiner dans cette pensée l'identité qui déterminera toute sa politique : le paradigme néolibéral est le réel, un réel qu'on ne peut changer ; c'est une vérité transcendante à laquelle il faut se soumettre. Cette idée est évidemment le produit des idées économiques du personnage. Emmanuel Macron est un adhérent enthousiaste au « nouveau consensus ». Ses mentors en économie, Jean Pisani-Ferry, Gilbert Cette, Philippe Aghion, sont les représentants français de ce néokeynésianisme, pilier central du néolibéralisme. Ce sont les défenseurs les plus ardents des « réformes structurelles » qui permettront de soumettre le plus possible la société au marché, limitant l'action de l'État aux investissements de long terme et aux réponses conjoncturelles.

Emmanuel Macron est fasciné par cette théorie de la croissance, qui serait « libérée » par les bonnes structures

1 Emmanuel Macron, *op. cit.*, p. 124.
2 *Ibid.*, p. 116.
3 *Ibid.*, p. 90.
4 *Ibid.*, p. 91.
5 *Ibid.*, p. 116.

décidées en fonction de l'idéal d'équilibre du marché et qui ne dépendrait pas de l'action de l'État mais des innovations privées stimulées par la concurrence. On le sait, cette idée était au centre de la commission Attali « pour la libération de la croissance » : une commission dont faisaient partie les principaux économistes cités et Emmanuel Macron. Ce dernier s'est littéralement nourri de cette pensée[6]. Or celle-ci renvoie toute autre option dans l'obscurantisme. Sans doute peut-on l'appliquer selon plusieurs méthodes (avec ou sans « contrepoids » social), mais elle ne se discute pas, parce qu'on ne discute pas la vérité. La pensée de Macron est le pendant politique de celle de Pierre Cahuc et André Zylberberg[7]. Ceux qui veulent changer l'ordre existant sont des obscurantistes, des négationnistes.

Emmanuel Macron considère donc que le modèle français « ne marche plus[8] », précisément parce qu'il essaie de se prémunir du cours du monde. C'est un modèle qui n'a aucune valeur, parce qu'il est en permanence « rafistolé » et construit de « réformes graduelles et non assumées ». Selon lui, il ne peut y avoir une adaptation graduelle et prudente du néolibéralisme à un contexte social qui lui est hostile, il n'y a que le produit d'un jeu politique où, pour ménager des électeurs, on a refusé les réformes nécessaires. Ce « refus du changement[9] » est le fruit des rentes, des avantages, des privilèges qu'il convient dorénavant de

6 Le rapport à Philippe Aghion est particulièrement étroit. En 2015, le futur président prend soigneusement des notes lors de la leçon inaugurale de son maître au Collège de France. En 2007, pendant les travaux de la commission Attali, Emmanuel Macron se rendait régulièrement chez l'économiste pour prendre des leçons inaugurales. *Cf.* G. MACKE, « Philippe Aghion, l'inspirateur d'Emmanuel Macron sur la croissance », *Challenge*, 25 mai 2017.

7 Pierre CAHUC et André ZYLBERBERG, *op. cit.*

8 Emmanuel MACRON, *op. cit.*, p. 117.

9 *Ibid.*, p. 118.

briser. Qui sont ces privilégiés ? Les salariés « *insiders* », ceux qui sont en CDI, qui sont « favorisés par le système[10] », mais aussi les fonctionnaires « qui trouvent une raison d'être dans la règle qui envahit tout[11] », les politiques et, plus généralement, tous ceux qui bénéficient d'une protection collective.

Face à ces centaines d'avantages qui empêchent la France d'entrer dans la réalité néolibérale, Emmanuel Macron propose une « révolution » qu'il compare à celle de 1945, au demeurant avec raison, puisqu'il s'agit d'en finir avec le système issu de 1945 : « Comme la France du Conseil national de la Résistance, nous devons changer de logique profonde et refonder nos manières de penser, d'agir et de progresser[12]. » N'est-ce pas l'écho de l'appel à la « révolution culturelle occidentale » de Serge July en 1983 ? L'ambition de Macron est là : l'adhésion pleine de la France au paradigme néolibéral doit se faire par une conversion pleine et entière à la culture néolibérale.

On l'a dit, le néolibéralisme n'est pas qu'une pensée économique, et le réduire ainsi le rend moins efficace. C'est ce qu'Emmanuel Macron, et avant lui la commission Attali, reproche aux politiques du passé : se contenter d'ajuster le modèle pour des raisons économiques. Or cela ne fonctionne pas. Lui veut davantage : un saut dans la culture néolibérale où règne, avec la bienveillance de l'État, la concurrence entre individus régulés par le marché. La théorie néolibérale de la croissance surdéfend l'idée que les conditions culturelles favorisent l'innovation. Si chacun accepte le principe de la compétition et de la justice par le marché, alors chacun s'efforcera de trouver un projet qui

10 *Ibid.*, p. 221.
11 *Ibid.*, p. 81.
12 *Ibid.*, p. 124.

le distingue en se rendant « utile » au consommateur. Dans *Révolution*, Emmanuel Macron veut l'assurer : « le nouveau modèle d'entreprise [...] est le ferment d'une transformation économique et d'un changement culturel[13] ». La culture française doit changer, et c'est par le capital que ce changement va s'effectuer. Aucun penseur néolibéral ne pourrait désavouer une telle pensée.

D'où cette idée développée au cours de la campagne d'une « start-up nation », d'une société d'entrepreneurs innovants. Mais, pour advenir, cette société a besoin que la culture française évolue, qu'elle abandonne le principe de la protection du travail face au capital, et au contraire qu'elle accepte que le capital soit le moteur du bien-être auquel le travail doit s'ajuster. Ce changement culturel, dont Emmanuel Macron a toujours déclaré qu'il prendrait dix ans, nécessite un changement d'institutions. C'est là le nerf de la guerre néolibérale : en changeant l'État, on change la société parce qu'on influe directement sur les comportements en influant sur les obligations.

C'est aussi pour cette raison que l'État et ses représentants doivent parler un nouveau langage, influencés par le secteur des start-up, qui incarne le mieux la compétition permanente. Dans *Forbes*, gazette officielle des milliardaires états-uniens, le président de la République clame qu'il veut que son pays soit « ouvert à la disruption ». À l'Assemblée, une députée évoque le « *core business* » (« activité principale ») d'un de ses collègues. Les pratiques du secteur privé le plus concurrentiel doivent inspirer l'administration, et le secrétaire d'État à la fonction publique, le transfuge du PS Olivier Dussopt, appelle à la « révolution culturelle de la fonction publique[14] ».

---

13 *Ibid.*, p. 156.

14 Interview accordée à *Horizons publics*, le 27 novembre 2018.

Si le mouvement culturel est long, alors il faut commencer dès à présent. L'État doit agir vite et fort. C'est pourquoi Emmanuel Macron reprend à son compte l'idée centrale de la commission Attali : les réformes structurelles doivent être acceptées d'un bloc. On ne transige pas avec elles, c'est tout ou rien.

En même temps, Emmanuel Macron ne manque jamais une occasion de critiquer une forme de libéralisme. Dans ses vœux pour l'année 2019, il reprend la critique du « capitalisme ultralibéral et financier » qui « serait arrivé à sa fin », critique qu'il avait déjà formulée dans *Révolution* où il n'a pas de mots assez durs contre les excès qui ont conduit à la crise de 2008. Mais, pas davantage que ses collègues du premier rapport Attali, il ne voit là une critique à adresser à *son* libéralisme. Au contraire. L'ultralibéralisme est une dérive, tandis que l'ordre néolibéral défend le rôle de l'État comme l'acteur d'une « juste protection et du respect des règles[15] ».

Macron joue en permanence sur cette ambiguïté entre néolibéralisme et ultralibéralisme. Il rejette le second et se dresse contre l'idée simpliste des « libéraux » selon laquelle « il n'existe aucun échec de marché[16] ». Cela lui permet de se présenter comme un régulateur et un défenseur de l'État contre le marché. Or on se souvient que la pensée néolibérale est née d'un constat : il existe des échecs de marché, et la crise de 1929 est l'un d'eux. Sa critique du libéralisme aveugle qui aboutit à 2008 s'inscrit parfaitement dans la critique de Hayek à l'endroit des errements du néoclassicisme libéral avant 1929. On retrouve là ce trait qui traverse toute la pensée modernisatrice française : celui du double rejet du « libéralisme sauvage » et de la « plani-

15 Emmanuel Macron, *op. cit.*, p. 165.
16 *Idem.*

fication ». Ce double rejet lui donne l'image d'un modéré, d'un centriste, dont on verra qu'elle est bien peu justifiée.

Dans son entretien paru dans le magazine *Forbes*, le 1er mai 2018, il précise sa vision du rôle de l'État en justifiant l'annonce de la suppression (finalement seulement réduite) de l'*exit tax*, l'impôt frappant les évadés fiscaux et mis en place par Nicolas Sarkozy dans sa période « keynésienne ». « Les gens sont libres d'investir où ils le désirent. Je veux dire, si vous êtes capable de les attirer, c'est bien pour vous, si ce n'est pas le cas, on devrait être libre de divorcer[17]. » Derrière cette comparaison, l'État n'est rien d'autre qu'un acteur destiné à favoriser le désir des investisseurs. Il doit être celui qui est capable d'attirer les capitaux et de faire jouer les mécanismes de marché en sa faveur. La liberté de « divorcer » que défend Macron n'a d'autre fonction que celle de permettre la concurrence entre les États. Or, derrière cette concurrence, il y a bien la réduction directe ou indirecte de l'État social. C'est là le sens de l'acceptation de la « réalité du monde ».

La solution, pour Macron, à l'instar des néolibéraux des années 1930, reste la concurrence. C'est d'elle qu'émanerait la justice sociale. Lorsqu'un investisseur choisit un autre pays, c'est la juste conséquence des politiques menées. L'objectif des politiques économiques de l'État doit donc toujours être d'organiser cette concurrence et de la laisser jouer. D'où sa critique d'un « appareil d'État qui tourne à vide [...] devient une gêne et un poids pour l'ensemble de la nation[18] ». À l'inverse, la concurrence « protège de la connivence et permet la liberté[19] ». Cette idée est presque copiée de Friedrich von Hayek. En 2019, Édouard Philippe,

17 « French President says he will end France's notorious "exit tax" », *Forbes*, 1er mai 2018.

18 Emmanuel MACRON, *op. cit.*, p. 81.

19 *Ibid.*, p. 159.

Premier ministre du président Macron, ne s'en cache pas en citant cette référence de l'économiste autrichien, tirée de *La Route de la servitude* (1944), en forme de définition du macronisme : « L'État doit créer les conditions dans lesquelles la concurrence sera le plus efficace possible et la remplacer là où elle ne peut pas être efficace[20]. » Le macronisme est un néolibéralisme. Et son ambition est de créer les structures d'une société néolibérale en France.

Le progressisme, socialisme de substitution

Pour installer cette révolution néolibérale dans une société qui y est profondément opposée, Emmanuel Macron développe l'idée du « progressisme ». Il utilise le discours social du néolibéralisme et promeut un certain « progressisme » dans le but de gagner l'électorat de gauche. À l'entendre, le macronisme n'a pas de mots assez durs pour dénoncer les inégalités, même si ce qu'il prétend combattre, ce ne sont pas les inégalités de revenus. « Nous avons un système fiscal qui corrige déjà énormément les inégalités, beaucoup plus que dans d'autres pays et que dans la plupart des autres pays. Nous avons un système fiscal qui met déjà largement à contribution les classes moyennes et les classes les plus aisées[21]. » Selon lui, c'est un problème en termes de compétitivité. Non, les vraies inégalités, ce sont « les inégalités d'origine, les inégalités de destin, les inégalités à la naissance ». Qu'entend-il par là ? D'un côté, il estime que la redistribution a atteint un niveau presque insoutenable (qui justifierait des baisses d'impôts pour les plus aisés) et, de l'autre, que les inégalités de naissance sont insupportables. Cette vision est pour le moins paradoxale.

---

20 Discours prononcé devant l'Autorité de la concurrence, le 5 mars 2019.

21 Propos liminaires à la conférence de presse du 25 avril 2019.

Toutefois le paradoxe n'est qu'apparent. Les « vraies » inégalités sont, d'après Macron, l'incapacité des individus à jouer leur rôle dans le grand jeu de la concurrence et du marché. Dans la pensée néolibérale, la « vraie » justice est donnée par cette confrontation des uns avec les autres. La redistribution n'est pas satisfaisante parce qu'elle donne sans regarder les « mérites » – comprendre la capacité à dégager de la valeur –, elle est donc injuste. Pire, c'est même une forme de « mauvaise allocation des ressources » où l'on finance ce qui ne crée pas de valeur. Le contrat selon Macron est simple : moins de redistribution mais plus d'égalité dans la capacité à « se vendre » sur le marché de l'emploi. De cette meilleure égalité devra surgir plus d'innovation (certaines bonnes idées étant aujourd'hui mal exploitées en raison des rentes qui les entravent) et donc plus de richesse pour la collectivité.

La promesse du macronisme n'est pas celle du « bonheur » mais de la « maximisation des possibles[22] », pour reprendre le terme de deux conseillers du président. Ce dernier ne s'en cache pas : « J'ai la conviction que la politique doit déployer le cadre qui permettra à chacun de trouver sa voie, de devenir maître de son destin, d'exercer sa liberté[23]. » Cette vision pose au départ non pas une égalité des chances, puisque Emmanuel Macron n'a jamais réellement voulu remettre en cause la fiscalité des successions, fidèle à son opposition à une large redistribution, mais une égalité d'accès au marché du travail. Ensuite, la justice du marché fera son œuvre. Comme le déclarait Yves Montand en 1984 : « On aura ce qu'on mérite. »

L'individu est placé au centre de la pensée sociale macroniste, pour qui tout succès social est le fruit de sa

22 David AMIEL et Ismaël EMELIEN, *op. cit.*
23 Emmanuel MACRON, *op. cit.*, p. 218.

propre liberté. Mais, conformément à la pensée néolibérale, l'État a un rôle à jouer pour permettre la réalisation du succès optimal de l'individu sur le marché. On retrouve déjà ce rôle dans le discours de Nixon du 22 août 1970 sur la réforme de l'État-providence : il faut des incitations à s'adapter, par moins de transferts sociaux, de la formation pour pouvoir se conformer aux exigences changeantes du marché dictées par le capital, mais aussi une protection contre la pauvreté. La solidarité universelle telle qu'elle a été mise en place à partir de 1945 n'est donc plus de mise : la cotisation ne donne plus de droits car le rôle de l'État est d'organiser le marché constitué d'individus. C'est cette logique qui a été mise en œuvre dans la réforme de l'assurance chômage de juin 2019, comme le pointe Laurent Bergé, secrétaire général de la CFDT[24].

Certes, dans leur « manifeste[25] », Ismaël Emelien et David Amiel reconnaissent qu'il faut corriger la répartition des fortunes que le capitalisme peut redistribuer « de façon absurde ». Mais cette correction ne se fait que par « un certain degré de redistribution ». Ce degré n'est pas précisé, parce qu'en réalité il est très réduit. Rien de plus logique : toute correction trop forte viendrait modifier la justice rendue par le marché que les deux jeunes hommes n'ont pas de mots assez forts pour défendre[26]. La solidarité qui consiste à organiser cette redistribution est donc suspecte, parce qu'elle contraint l'individu et réduit sa capacité supposée à construire sa vie de façon libre.

---

24 « Quand le consentement à la solidarité recule, c'est l'individualisme qui progresse. Et ça offre un boulevard à tous ceux qui pensent que la protection sociale devrait être un filet minimal de sécurité. C'est l'inverse de la philosophie de 1945, à savoir l'idée que chacun cotise selon ses moyens et reçoit selon ses besoins », interview accordée à *Libération* le 20 juin 2019.

25 David Amiel et Ismaël Emelien, *op. cit.*, p. 114.

26 *Ibid.*, p. 148.

En réalité, le vrai rôle de l'État dans ce domaine comme dans les autres, c'est une « lutte implacable contre les rentes[27] », autrement dit contre les entraves au marché. C'est pour cela que le « progressisme » se défend d'être un individualisme : il ne défend pas la maximisation des gains par les individus mais la possibilité pour tous de réaliser des gains « justes », déterminés par la libre concurrence. C'est pour cela que la protection des salariés est injuste, parce qu'elle crée cette fameuse différence entre des *insiders* qui garderaient leurs avantages et des *outsiders* privés de toute chance de réussir. Derrière ces pompeuses arguties, souvent caricaturales, se dissimule un néolibéralisme ordinaire, critique du laisser-faire qui crée des monopoles et de l'État qui crée des rentes. Selon les néolibéraux, si l'individu ne réussit pas seul, il ne réussit pas non plus grâce à la solidarité.

La société rêvée par Emmanuel Macron est une société constituée d'égalité formelle : « Tous les individus doivent pouvoir bénéficier des mêmes droits[28]. » Tout le monde doit être sur la même ligne de départ pour tenter sa chance dans la création de valeur, en ignorant entièrement les inégalités de naissance et de vie, qu'elles soient sociales ou culturelles. Aussi les droits doivent-ils être généralisés, cette généralisation allant de pair avec un nivellement par le bas, puisqu'on a vu la méfiance envers la redistribution : tout le monde devrait avoir les mêmes droits à la retraite et les mêmes droits à l'assurance chômage, mais on ne dit rien du niveau de ces droits. L'essentiel est que les individus soient traités sur le même plan par l'État garant de la concurrence libre entre eux.

La clé de voûte de cette pensée sociale réside dans la capacité des individus à accepter cette concurrence

---

27 *Ibid.*, p. 114.

28 Emmanuel MACRON, *op. cit.*, p. 251.

permanente dans le cadre du travail. On se souvient du rôle du travail dans le néolibéralisme : il est un élément de la production dont le volume et le prix doivent être déterminés par le marché, donc par les besoins du capital. Le macronisme tente de faire passer cette soumission pour un progrès social : chacun a le devoir d'aller vendre sa force de travail et d'en obtenir le prix juste fixé par le marché. Ce devoir permet, à son tour, de valoriser au plus juste la production et l'innovation, et d'assurer la croissance.

Pour rendre ce devoir concret, il faut assurer la liberté maximale du marché du travail afin que le « tri » puisse se faire entre les individus, et la justice s'opérer. C'est pour cette raison que la flexibilisation du marché du travail a été la priorité absolue de Macron, tant au moment de sa démission du gouvernement Valls II, en 2016, que lors de sa campagne électorale. Le progressisme se veut social parce qu'il entend donner à ceux qui ne les ont pas les moyens de venir sur le marché du travail, là où le capitalisme manchestérien ne se souciait pas de la capacité des hommes à se vendre. Il les prenait comme ils étaient, pour ce qu'ils étaient. Ici, le « progressisme » ne cesse de parler d'humain, parce qu'il entend donner à chacun cette capacité à se vendre. Il y a cette idée que l'on peut en permanence améliorer sa compétitivité individuelle et mieux réussir sur le marché. Le libéralisme d'antan laissait l'individu se débrouiller avec ce qu'il avait, le néolibéralisme veut améliorer la capacité marchande de chacun. La compétition n'en est pas moins féroce, et le résultat pas forcément différent.

Cette action se fait, d'abord, par une logique de *workfare* : l'État doit assurer à chacun des revenus minimum permettant de se présenter sur le marché du travail. Mais il ne peut le faire que si ces revenus sont effectivement utilisés pour aller sur le marché du travail. Autrement, il s'agirait d'une rente. Le soutien contre la pauvreté n'est donc pas un humanisme, c'est un soutien au marché qui est conditionné à la participation de l'individu à ce dernier. Deuxième moyen, la formation et l'éducation, qui doivent assurer la capacité marchande permanente de l'individu sur le marché du travail et permettre une adaptation de l'individu aux demandes du marché. Dernier moyen, la lutte contre les discriminations, qui n'est cependant pas une spécificité de ce « progressisme ». Là encore, il ne s'agit pas d'un quelconque humanisme mais d'une logique de marché : toute discrimination est une rente parce qu'elle favorise un acteur de marché plutôt qu'un autre sur des critères non économiques. Mais c'est souvent une tartufferie car les discriminations, raciales et sexuelles, s'enracinent aussi dans des déterminations économiques. L'illégalité formelle de la discrimination ne dit rien des différences sociales qui, souvent, aggravent les discriminations existantes. Si les personnes d'origine étrangère sont moins bien formées en raison des capacités économiques de départ de leur famille, elles seront toujours proportionnellement moins nombreuses à réussir. Surtout si les protections sociales sont affaiblies et renforcent encore les inégalités sociales de départ. Mais, comme la réussite n'est qu'individuelle, ces circonstances sont largement niées. La lutte contre les discriminations est donc un paravent de la libéralisation. On constate, du reste, que ce « progressisme » n'est largement que de façade, la politique migratoire d'Emmanuel Macron étant très peu ouverte et centrée sur les besoins du marché.

À noter : le progressisme ne discute pas, ou à la marge, le résultat de la loi du marché, puisqu'il estime que la redistribution est trop forte. Toutes les inégalités issues de la justice du marché sont acceptables. Le travail, produit du marché, est un « vecteur de mobilité sociale et d'émancipation[29] » et ceux qui veulent vivre mieux doivent donc mieux répondre

29 *Ibid.*, p. 253.

aux demandes du marché. C'est là une responsabilité individuelle. Grâce au marché, le progressisme remplace la redistribution par des droits. Cette pensée, habilement tournée autour des idées de justice et d'égalité, vise franchement à remplacer à gauche la centralité de l'idée de redistribution.

La stratégie politique : le néolibéralisme à visage humain

Lorsqu'il annonce sa candidature autour d'un tel programme, que cherche Emmanuel Macron ? Avant tout à en finir avec le blocage politique dénoncé depuis des décennies par les élites néolibérales et que, en tant que corédacteur du rapport Attali puis secrétaire général adjoint de l'Élysée et ministre de l'Économie, il a pu expérimenter. Le refus du défi du « tout ou rien » lancé par cette commission en 2008 confirme son analyse selon laquelle le monde politique est une rente et protège les rentes. Puisque, selon lui, l'intérêt général commande de faire entrer pleinement la France dans la culture néolibérale, alors il faut se débarrasser du personnel politique traditionnel. D'où l'idée de sortir des partis et de refuser d'entrer dans le clivage droite-gauche.

Ce positionnement est le fruit direct de sa pensée : Macron ne se perçoit pas comme le candidat d'un camp mais comme celui du « pragmatisme », autrement dit de l'acceptation de la réalité et de la vérité. La vérité n'a pas de camp politique. Les idées et le programme de son mouvement *En Marche !* sont établis par les économistes néokeynésiens et des hauts fonctionnaires héritiers des modernisateurs. Cette large reprise du rapport Attali vise clairement à bâtir une nouvelle alliance sociale autour du cœur néolibéral, ce que Bruno Amable et Stefano Palombarini appellent le « bloc bourgeois[30] »,

30 Bruno Amable et Stefano Palombarini, *op. cit.*, p. 104 et suivantes.

favorable aux réformes et à la transformation néolibérale du pays. Il s'agit de casser la droite et la gauche en ralliant ces électeurs.

La stratégie politique est le reflet de la stratégie économique et sociale : il faut en finir avec la politique des petits pas. Le modèle hybride français a choisi l'adaptation progressive au néolibéralisme, parce que les partis au pouvoir ne disposent jamais d'une unité autour d'une transformation brutale en leur sein. Si les élites sont convaincues depuis longtemps de la nécessité d'un tournant néolibéral, l'impossibilité à convaincre doit les contraindre à construire en permanence des compromis. Ces compromis deviennent d'autant plus importants que les spectres du FN et, dans une moindre mesure, d'une gauche plus radicale exercent une pression externe. Celui qui vise la réélection doit se garder de s'aliéner totalement les forces opposées aux réformes. La modération est de mise. Il est vrai que cette stratégie a souvent échoué, comme l'ont montré les échecs de la gauche en 1993 et 2002 et de la droite en 1997. Mais les tentatives franchement néolibérales à l'image de celles de Jacques Chirac en 1988 et de Nicolas Sarkozy en 2012 n'ont pas mieux réussi. Cette stratégie permet surtout aux grands partis de continuer à exister et de revenir dans le jeu après leurs défaites, grâce à leur capacité à faire des compromis. C'est pourquoi le PS s'est remis de ses deux lourdes défaites en 1993 et 2002, et Jacques Chirac a survécu à l'humiliation de 1997.

À partir de 2010, ce système s'enraie parce que les partis au pouvoir mettent en place une stratégie de transformation néolibérale de plus grande ampleur. Dès lors, leur existence, liée au compromis, n'a plus de sens. À droite, Nicolas Sarkozy est tellement discrédité après sa défaite de 2012 qu'il n'accède pas au second tour de la primaire du parti Les Républicains (LR) en 2016. De son côté, le PS s'effondre dans l'opinion sitôt qu'il se lance dans une politique néolibérale franche, en 2014. François Hollande doit renoncer, en raison de son impopularité, à se présenter à sa propre réélection. Ce sont donc les choix économiques issus de la promenade de Deauville, ceux d'une transformation néolibérale de la France, qui ont conduit à l'explosion du système politique traditionnel. Et c'est sur ces ruines qu'Emmanuel Macron a bâti sa victoire.

L'ancien ministre espérait-il construire un bloc majoritaire autour de lui ? Peut-être, mais, en réalité, il n'en avait guère besoin. L'avantage du néolibéralisme est que son programme est simple : l'acceptation de l'ordre du monde. Il peut donc réunir ses partisans avec efficacité, sous le prétexte d'un pseudo-réalisme. En revanche, ceux qui s'y opposent sont fragmentés entre la tentation d'une économie protégée sur des critères nationaux et raciaux, qui vont se retrouver au FN, et ceux qui défendent de multiples alternatives au néolibéralisme à gauche. Pour reprendre les termes employés précédemment, si le bloc bourgeois n'est pas majoritaire en France, comme le montre l'évolution politique depuis 1976, le bloc antibourgeois n'existe pas. Mieux : il ne peut exister. Le FN maintient des positions économiques très néolibérales (rejet de la hausse du SMIC, baisses d'impôts pour les PME) qui sont compensées par une protection nationale (qui favorise le capital national) et par une restriction des droits sur des critères nationaux. À gauche, les divers courants rejettent ces deux options et sont souvent divisés sur les voies à prendre (notamment sur la question du revenu universel ou de la construction européenne, qui induit le rapport à la monnaie). Le rejet du néolibéralisme est une réalité, mais il ne constitue pas en soi un programme suffisant.

Pour parvenir à la victoire, le candidat Macron n'a nul besoin de s'appuyer sur un bloc majoritaire. Il peut compter sur la division de ses adversaires et sur le système français majoritaire à deux tours. Sa stratégie est de changer de position face au FN. Jusqu'ici, les élites néolibérales ont tenté soit de ménager les électeurs du FN par des réformes limitées, soit de les séduire, comme Nicolas Sarkozy et après lui François Fillon, par un discours sécuritaire permettant de faire passer les réformes. Emmanuel Macron a une autre stratégie : d'emblée, il se présente comme le rempart contre le FN et s'oppose frontalement à lui. Il déroule son discours néolibéral comme une garantie de la démocratie. C'est la reprise de la stratégie fondée sur le chantage « les réformes ou le fascisme » qui remonte à la Fondation Saint-Simon et qu'il recycle en opposition entre « progressistes » et « nationalistes ». Il sait, dès lors, que, s'il parvient en tête du bloc bourgeois au premier tour et qu'il est opposé à Marine Le Pen au second, il pourra bénéficier, comme Jacques Chirac en 2002, d'un vote négatif contre elle. Simplement, à la différence de Chirac, lui pourra et devra même réaliser la transformation néolibérale du pays, parce qu'il a soutenu que cette transformation est le véritable rempart contre le fascisme. Il ne sera donc pas tenu de réaliser des compromis hors du bloc bourgeois.

Face à lui, il doit cependant compter avec un adversaire de poids : François Fillon, qui a triomphé de la primaire de la droite sur un programme de choc néolibéral aux accents très thatchériens. Mais Fillon mène une autre stratégie, plus proche de celle de Nicolas Sarkozy en 2007 ; il tente l'électorat d'extrême droite par un discours sécuritaire permanent et des positions européennes ambiguës. Fillon reste le candidat de la droite traditionnelle, celle qui a gouverné jusqu'en 2012. Et, du reste, il a été Premier ministre entre 2007 et 2012.

De façon significative, une partie notable des élites néolibérales françaises, notamment les hauts fonctionnaires mais aussi de nombreux grands patrons, va soutenir Macron contre Fillon[31]. Ce sont eux qui vont largement financer

31 Une liste non exhaustive est proposée par Laurent MAUDUIT, *op. cit.*, p. 103.

la campagne du candidat sans parti : près de la moitié de son budget de campagne (près de 8 millions d'euros) a été apportée par 1 200 personnes[32]. Le capitalisme français parie sur Emmanuel Macron plutôt que sur la droite traditionnelle. Là encore, c'est le signe d'une radicalisation. François Fillon est suspect. Il y a en lui, ancien « gaulliste social » devenu thatchérien, le risque d'une poursuite du compromis historique, du refus de la transformation, le risque d'une dérive « à la Chirac ». En face, les électeurs de gauche, et même du centre droit qui ont pu défendre Alain Juppé, sont effrayés par un second tour Fillon-Le Pen, c'est-à-dire entre deux candidats sécuritaires et nationalistes. Macron joue alors sur les deux tableaux : il garantit à la droite juppéiste et aux modernistes de gauche la transformation néolibérale mais insiste, pour les électeurs de gauche et de centre gauche, sur son engagement contre les discriminations, pour l'intégration européenne et pour le pouvoir d'achat.

Pour s'assurer sa domination sur le centre gauche, Emmanuel Macron, qui défend une position radicale, surdéfend l'aspect « progressiste » de son programme et promet de fortes baisses d'impôts pour redistribuer le pouvoir d'achat, notamment par la baisse des cotisations salariales. C'est ce que l'on appelle le « en-même-temps » : réformes et soutien au pouvoir d'achat.

Ce n'est pas un paradoxe mais, au contraire, un axe central de son programme. Les baisses d'impôts affaiblissent les recettes de l'État et sont ainsi les meilleures alliées du désengagement de l'État de l'économie et des baisses des transferts sociaux. En attaquant directement les cotisations sociales, dont la part salariale des contributions maladie

32 Julie Guesdon et Sylvain Tronchet, « La moitié de la campagne d'Emmanuel Macron a été financée par des gros donateurs », France Culture, 3 mai 2019.

et chômage qui doit être supprimée pour être remplacée par la CSG, l'aubaine est plus belle : il s'agit de détruire le paritarisme de fait en mettant au compte de l'État le financement intégral de ces dépenses. Les syndicats deviennent ainsi des partenaires de second rang, puisque les salariés ne paient pas. L'État et le patronat pourront à l'avenir gérer ensemble le système social, scellant à nouveau l'alliance du capital et du pouvoir politique que les fondateurs de la Sécurité sociale redoutaient tant.

Emmanuel Macron veut faire d'une pierre quatre coups : il se présente comme le défenseur du pouvoir d'achat, ce qui plaît à l'électorat de centre gauche ; il ne fait pas payer ce surplus de pouvoir d'achat par du salaire, ce qui convient au patronat ; il renforce le basculement de la France dans le néolibéralisme, ce qui va satisfaire les élites. Enfin, conformément à la tendance néokeynésienne de l'économie néolibérale, dont les principaux représentants ont rédigé le programme d'Emmanuel Macron, il s'engage à « acheter » l'adhésion aux réformes structurelles, en compensant les effets négatifs de ces réformes et l'augmentation des profits privés par des mesures de pouvoir d'achat. Le pari est que la population acceptera mieux la destruction des vieilles solidarités d'État et la flexibilité du marché du travail. Plus besoin de compromis : ce qui détruit le système ancien renforcera le nouveau monde. Finalement, le candidat peut proposer un « néolibéralisme à visage humain », capable de séduire un électorat allant de la classe moyenne traditionnellement de droite, excédée par la pression fiscale, à la bourgeoisie de centre gauche soucieuse d'une apparence de justice sociale. Macron se plaît à se présenter comme un « authentique social-démocrate » capable de repousser la « droite autoritaire » incarnée par Fillon et d'éviter le cauchemar de l'électeur de gauche : un duel Fillon-Le Pen au second tour.

Cette stratégie se révèle payante électoralement. Quoique bien aidé par l'affaire d'emplois fictifs révélée par *Le Canard enchaîné* en janvier 2017, plombant la campagne de François Fillon, Macron accède à la première place au premier tour devant Marine Le Pen. Le scénario idéal se réalise. Avec une grande partie de son électorat, qui a voté pour lui pour éviter un scénario non désiré au second tour[33]. Cette victoire est confirmée lors des élections législatives de juin, où la majorité présidentielle l'emporte sans difficulté. Pour la première fois de l'histoire de la Ve République, un candidat au programme néolibéral est élu à l'Élysée, avec pour ambition de détruire le modèle hybride français.

Le face-à-face

L'abandon immédiat du « en-même-temps »

Le moment est enfin venu, dix ans après les mots de la commission Attali. Pas question de le laisser passer cette fois. Le programme du nouveau président se fond, il ne s'en cache nullement, sur une remise en cause profonde du modèle social et économique français. Pour rendre son « agilité » à l'économie française, il faut réduire les régulations et l'administration, mais aussi l'action directe de l'État, limitée, selon la pensée néokeynésienne, aux investissements de long terme. Mais l'ennemi est évidemment le modèle social, caricaturé pendant toute la campagne de façon contradictoire, soit comme créateur d'inégalités, soit comme trop égalitaire. Il faut donc en finir avec une

33 Selon une étude OpinionWay, 54 % seulement des 24,01 % d'électeurs qui ont choisi Emmanuel Macron au premier tour l'auraient fait pour son programme, les autres parce qu'ils voulaient éviter un autre candidat au second tour. *Cf.* Marie Bellan, Matthieu Quiriet et Alexandre Rousset, « Présidentielle : le vote du premier tour passé au crible », *Les Échos*, 24 avril 2017.

France « à l'arrêt », et en finir rapidement, car l'enjeu est de créer une nouvelle culture. Une fois cette culture en place, la réélection en 2022 sera plus aisée, puisque l'acceptation du néolibéralisme sera plus répandue. La base sociale de son électorat sera donc plus large. Pour garder le pouvoir, Macron fait le pari inverse de beaucoup de ses prédécesseurs. Là où ces derniers pensaient se faire réélire en ménageant le modèle français, lui pense demeurer au pouvoir en le détruisant au plus vite. On assiste à un changement radical de nature du pouvoir.

Le ton est donné dès la formation du gouvernement : l'arrivée d'Édouard Philippe à Matignon, un fidèle d'Alain Juppé issu du rocardisme et lecteur assidu de Hayek, de Bruno Le Maire à Bercy, candidat humilié aux primaires de la droite avec un programme de réduction de 90 milliards d'euros des dépenses publiques, et de Gérald Darmanin, ancien sarkozyste convaincu. Il s'agit de créer, avant les législatives, un front néolibéral pour en finir avec le modèle français.

L'entreprise a débuté dès le début de la législature. Au mois de juillet 2017, le gouvernement abandonne le « en-même-temps ». Prétextant des difficultés budgétaires en se fondant sur des projections d'un audit très opportunément (et qui se révélera trop) alarmiste de la Cour des comptes, le gouvernement décide de prendre des mesures d'austérité, annonçant une mesure symboliquement forte : la réduction forfaitaire de 5 euros des aides personnalisées au logement (APL) et la scission en deux temps de la baisse des cotisations en 2018. Cette seconde mesure a une seule fonction : dégager des fonds pour financer les mesures d'exonération du capital prévues à partir de 2018, avec la suppression de l'impôt de solidarité sur la fortune (ISF) pour le patrimoine mobilier et l'établissement d'un « bouclier fiscal » de 30 % pour les revenus du capital (le prélèvement forfaitaire unique, ou PFU).

Cette exonération du capital de l'ISF représente un pas que n'avaient osé franchir ses prédécesseurs et qui constitue une disposition extrêmement favorable au capital, car sans contrepartie. L'ISF a été un de ces compromis historiques fondateurs du modèle français. Introduit par le gouvernement Rocard en 1989, malgré le scepticisme du chef du gouvernement, il représentait un des rares retours en arrière de la gauche qui rétablissait un impôt créé en 1981 et aboli par la droite en 1986. Depuis, cet impôt, qui commençait à donner des rendements non négligeables de près de 5 milliards d'euros, est devenu un symbole : une garantie de redistribution qui compense l'évolution des politiques économiques vers le néolibéralisme. Mais, dans l'esprit du chef de l'État, c'est une ponction inacceptable sur le capital qui nuit à la compétitivité de l'économie. Sa suppression n'est pas anecdotique ; elle est centrale : c'est une réforme structurelle, et c'est pourquoi il refusera de revenir dessus.

Concrètement, pour financer ces mesures en faveur du capital, on abaisse les gains escomptés par les salariés du privé, alors même que certaines taxes sur la consommation (tabac, carburant) sont relevées, on met à contribution les retraités par une non-compensation du relèvement de la CSG ainsi que les fonctionnaires, dont le point d'indice est gelé tout comme les effectifs de la fonction publique.

Cette politique consiste à renverser complètement la logique maintenue jusqu'alors : faire jouer à la fiscalité un rôle distributif afin d'apaiser les conséquences de la crise. Et, on l'a vu, si tous les ménages ont subi une baisse de revenus entre 2008 et 2016, celle des classes les moins favorisées a, grâce à la fiscalité, été moindre.

Le gouvernement Philippe propose d'inverser la tendance et de faire payer aux classes les plus vulnérables la baisse de la fiscalité sur les plus riches. Car ce sont les

« ultra-riches » qui disposent de l'essentiel de leurs revenus en capital. Dès l'été 2017, Emmanuel Macron entame un recul dans l'opinion alors que sont publiées les premières études sur l'impact de sa politique fiscale sur les revenus des Français. Il apparaît clairement que les 1 % les plus riches sont les grands gagnants de l'opération qui ne profite guère, en revanche, aux moins aisés, pénalisés par la hausse prévue de la fiscalité indirecte. La différence est notable.

Rapidement, Macron incarne dans l'opinion le « président des riches ». Il sera incapable de se débarrasser de cette image et devra encore s'en justifier près de deux ans après son élection, lors de sa première conférence de presse. Mais l'argumentation du gouvernement sur le sujet ne reçoit aucun écho positif dans l'opinion. Le gouvernement prétend qu'il ne fait pas « de cadeaux aux riches » mais qu'il soutient ceux qui « investissent dans l'économie ». Sauf que cette exonération n'est pas conditionnelle ou fléchée. Cette vision suppose que les fonds libérés par l'ISF aillent tous dans le financement de l'économie. Or l'achat d'un titre financier n'est pas un financement de l'investissement productif français, encore moins lorsque cet achat se fait à l'étranger. Répété pendant deux ans, l'argument ne sera jamais écouté. Un dialogue de sourds s'installe. En abandonnant sa politique du « en-même-temps », Macron donne son sens des priorités : il privilégie les détenteurs du capital en faisant payer ces avantages aux plus modestes. L'État français vient de modifier un élément central du modèle français : il abandonne sa neutralité de classe et fait le choix du capital.

L'État au service du capital

Le rythme des réformes qui s'engagent à partir de l'été 2017 confirme ce tournant. À l'été, le gouvernement engage la rédaction d'ordonnances modifiant le code du travail pour achever la loi El-Khomri en réalisant ce que le gouvernement socialiste, soucieux d'un semblant d'équilibre, n'a pu faire sous la pression de la rue. Cette nouvelle série de réformes renforce encore le pouvoir patronal. Un point particulièrement important est à relever : le barème concernant les indemnités prud'homales. Finalement abandonné dans la loi El-Khomri, ce barème permet à l'employeur de maîtriser le coût d'un licenciement abusif, ce qui réduit, dans la logique néolibérale fondée sur les comportements microéconomiques, la crainte d'embaucher en connaissant le prix du licenciement. Cette logique n'a jamais pu être étayée scientifiquement, mais elle signifie autre chose : elle fixe un prix au licenciement abusif en empêchant le juge d'évaluer le préjudice réel lié à l'illégalité de la rupture. Cette mesure constitue une sorte de liberté de fait de licencier sans cause réelle et sérieuse et s'ajoute à d'autres prises de guerre du capital dans ces ordonnances, comme la possibilité de conclure des accords transactionnels collectifs de rupture de contrat ou la validation des licenciements économiques pour les multinationales faisant des bénéfices en France.

Ces ordonnances marquent le retrait de l'État de droit dans les entreprises et de l'État dans la défense des salariés. Elles favorisent un « dialogue social » de façade, sous la pression et le chantage permanents de l'employeur. Dans *Révolution*, Macron résume sa vision des relations entre travail et capital dans l'entreprise : « [...] d'offrir aux salariés le meilleur compromis possible, selon la conjoncture économique et selon les impératifs du secteur, il faut ouvrir davantage de possibilités à la négociation et au dialogue[34] ». On conçoit l'étroitesse du dialogue qui consiste à soumettre les demandes du travail aux exigences du capital, donc du

34 Emmanuel Macron, *op. cit.*, p. 230.

marché. Rien de plus normal puisque la théorie de la valeur sur laquelle est bâti le néolibéralisme rejette l'idée que le travail crée en soi de la valeur. Le principe des cotisations et des négociations de branches, c'est que, précisément, le travail et le capital sont en concurrence. Désormais, cette concurrence, qu'on a pu policer à partir de 1945, est remplacée par une soumission validée par l'État et les règles de droit.

La plupart des autres grandes réformes engagées par Macron vont dans le même sens. La réforme du logement social contenue dans la loi ELAN, votée en 2018, et l'imposition de baisse de loyers aux bailleurs sociaux comportent une fragilisation du logement social conduisant inévitablement à la financiarisation de son financement. Les réformes de l'université et de l'enseignement visent à aligner le plus possible les formations sur les besoins des employeurs. Là encore, ce n'est guère anecdotique : l'enseignement de l'État ne doit plus être centré sur les besoins d'un citoyen mais sur les besoins d'un acteur du marché du travail. D'autres réformes confirment encore cette tendance, notamment la loi Pacte votée en 2019, loi de déréglementation de l'économie, qui prévoit la privatisation sans raisons réelles de la Française des jeux et d'Aéroports de Paris[35]. Enfin, le gouvernement continue à vouloir réduire le rythme de croissance des dépenses publiques, notamment avec le rapport CAP 2022, un rapport sur mesure destiné à gérer l'administration selon des critères d'efficacité du secteur privé, et son corollaire la réforme de la fonction publique, où sont encouragés les recours aux contrats de droit privé et instaurées les ruptures conventionnelles avec les fonctionnaires. Dans sa trajectoire budgétaire prévue en 2019, le

35 Romaric GODIN, « Privatisations : un choix injustifiable », Mediapart, 18 juin 2018.

gouvernement entend encore diviser par trois la croissance déjà très faible des dépenses publiques. Le premier secteur à en payer le prix sera celui de la santé, puisque ses crédits demeurent largement inférieurs aux besoins chaque année. D'autres réformes arrivent : celles de l'assurance chômage qui doit conduire à des économies de 1 milliard d'euros et à la mise en place d'un système de *workfare* à la française et, bien sûr, la réforme des retraites qui vise à abolir des régimes spéciaux issus des luttes syndicales.

Le gouvernement fait tout ce qu'il peut pour attirer à Paris les activités financières de la City de Londres, qui doivent se relocaliser dans l'UE après le Brexit. Cette fois, les statuts particuliers ne sont plus à combattre mais au contraire à créer et à élargir. Le statut fiscal avantageux des « impatriés », concernant les employés de la grande finance, a été élargi en 2018 alors que l'État investissait dans les écoles pour cadres anglophones, que les taxes sur les banques et les fonds d'investissement se réduisaient et que le cadre juridique britannique était largement transposé en droit français en matière de finance. Édouard Philippe et Bruno Le Maire n'ont cessé de faire la cour aux géants internationaux de la finance, mettant fin au projet de durcissement de la taxe sur les transactions financières françaises qui devait toucher des activités tel le trading à haute fréquence, cette finance « automatique » plus destructrice que créatrice de valeur. Bruno Le Maire ne cesse de le marteler depuis 2017 : « La finance est notre amie. » On a vu son importance dans le processus néolibéral.

La vague n'est pas achevée. La réforme des retraites envisagée entend faire disparaître les « régimes spéciaux », autrement dit les régimes issus de rapports de forces favorables aux syndicats. Elle veut confirmer une « individualisation » des droits, avec un recul *de facto* de l'âge de départ (même si l'âge légal reste le même) de deux ans, à soixante-quatre ans. L'assurance chômage, elle, perd de plus en plus son statut assurantiel et solidaire. Le durcissement des conditions d'accès pour les plus précaires et l'abaissement de l'allocation la plus élevée vont dans ce sens. Si les cadres touchent moins, alors ils pourront de plus en plus être plus nombreux à réclamer moins de solidarité pour tous. C'est là la conséquence logique de la suppression des cotisations chômage : désormais le chômage est pris en charge par l'État, qui le gère selon ses priorités, qui ne sont plus celles des salariés. Enfin, la création du « revenu universel d'activité » (RUA), la mal nommée prestation qui doit rassembler les minima sociaux, s'annonce comme une forme de « Hartz IV » à la française : le RUA sera sans doute fortement conditionné à une activité et, étant à budget constant, il annonce en réalité une baisse des prestations. *In fine*, ce sera bien une arme pour « marchandiser » davantage le travail et constituer une « armée de réserve industrielle ». Cerise sur le gâteau, la loi mobilité permettra aux grandes plateformes Internet de transport et de distribution, qui utilisent l'entrepreneuriat fictif comme substitut au salariat, de ne pas risquer la requalification de la relation de travail en salariat. C'est là une atteinte directe supplémentaire au système de solidarité par les cotisations et à l'équilibre des pouvoirs dans la relation de travail. Le travail « ubérisé » est atomisé, fragile et soumis. En le soutenant, l'État choisit son camp.

Les choses semblent fort claires : l'État agit en faveur de l'intérêt du capital. L'État social français, déjà fort mal en point mais qui peut encore prétendre à un certain équilibre, laisse la place à un État néolibéral. Le modèle français est attaqué au cœur de sa cohérence profonde. S'il avait pris la voie d'une adaptation *a minima* au néolibéralisme, c'était pour conserver son équilibre. Cette fois, avec Emmanuel Macron au pouvoir, il vole en éclats. Le chef de l'État applique son programme à la lettre et ne fait plus de compromis sur les réformes.

L'épreuve du feu

Dès les premières mesures prises à l'été 2017, l'entreprise néolibérale du président doit faire face à une chute de popularité. Le phénomène n'est pas neuf et touche tous les présidents de la République depuis 1981. Dans son cas, la chute est assez proche de celle de François Hollande. Dès septembre 2017, les mécontents dépassent les satisfaits, alors qu'il avait fallu attendre décembre pour que cette inversion se produise avec Nicolas Sarkozy. À partir du printemps 2018, la chute s'accélère encore, et l'écart entre mécontents et satisfaits frôle les 50 points[36]. Un niveau d'impopularité atteint par ses deux prédécesseurs lorsqu'ils avaient lancé leurs réformes néolibérales.

Ces difficultés ne sont pas une surprise pour Emmanuel Macron. Dans *Révolution*, il prévient que « la construction d'une société pacifiée prendra du temps[37] » et estime à dix ans le temps de cette transformation. Dans l'esprit de la révolution néolibérale, ce temps est le temps nécessaire à la transformation de la culture du pays et à l'acceptation de la marchandisation de la société. En attendant, le pouvoir doit mener le combat contre les rentes et contre ce qui empêche les marchés justes de fonctionner. Le nouveau pouvoir a un monde à briser et une logique à renverser. Il s'agit de passer d'une lutte de classes assumée mais civilisée à une lutte de classes menée par l'État en faveur du capital sous le couvert de l'intérêt général. Ce monde attaqué va inévitablement se défendre. Il faudra

36 Baromètre mensuel de popularité calculé par Kantar TNS.

37 Emmanuel Macron, *op. cit.*, p. 111.

donc mener cette fameuse « lutte implacable contre les rentes[38] ».

La stratégie d'Emmanuel Macron est une stratégie classique des pouvoirs néolibéraux. Il s'agit de frapper les esprits par des actes forts pour faire comprendre qu'il n'y aura pas de retour en arrière. Dès lors, les populations devront accepter l'évolution et s'adapter. Leurs comportements changeront, et la défense du vieux modèle deviendra aussi impossible que la défense de la traction hippomobile au XIXe siècle. On ne peut plus défendre ce qui a été balayé par l'histoire. « Pour persister, le néolibéralisme doit créer sa propre base sociale[39] », et cette création passe par l'imposition de son caractère inéluctable. Plus rien ne doit être possible hors du néolibéralisme.

Il faut brûler ses navires pour enfermer les esprits. Le rapport de forces et la victoire qui en découle sont des éléments centraux de la stratégie de transformation néolibérale. C'est précisément ce qui est reproché au modèle hybride français : en s'adaptant, il n'a pas réussi à détruire la culture issue de 1945. Or cette culture bloquait l'entrée de la France dans la « réalité » néolibérale. Une contre-révolution doit effacer le tournant de 1945 et établir la restauration du pouvoir du capital sous une autre forme.

Les contestations syndicales de l'automne 2017 contre les ordonnances réformant le code du travail et celles du printemps 2018 contre la réforme de la SNCF représentent une forme de test pour le président, qui doit montrer sa capacité à ignorer les passions populaires pour mener les réformes. Aussi ne cède-t-il rien à ces mouvements. Celui qui a justifié son départ du gouvernement Valls II en septembre 2016 par quelques abandons sur la loi El-Khomri

38 David AMIEL et Ismaël EMELIEN, *op. cit.*, p. 114.
39 Bruno AMABLE et Stefano PALOMBARINI, *op. cit.*, p. 204.

veut prouver qu'il applique la logique du « tout ou rien » promue par la commission Attali. C'est là son baptême du feu, dont il sort, pour reprendre la une de *Forbes* qui publie son interview le 1er mai 2018, soit le jour de la fête des travailleurs, en pleine contestation de la réforme de la SNCF, « leader des marchés libres » (« *leader of the free markets* »).

La contestation syndicale est tout simplement ignorée. Le 9 septembre 2017, trois jours avant la première journée de protestation contre les ordonnances, Édouard Philippe prévient que « les manifestations n'ont pas vocation à changer le contenu des ordonnances ». Le même jour, à Athènes, Emmanuel Macron se paie le luxe d'une provocation, affirmant qu'il ne « cédera rien aux cyniques, aux fainéants et aux extrêmes », et qu'il sera « d'une détermination absolue ». La parole est particulièrement symbolique, prononcée depuis une Grèce frappée par une des cures d'austérité les plus longues de l'histoire, face à Alexis Tsipras qui a dû abandonner en juillet 2015, dans l'humiliation, toute volonté de stopper cette stratégie. Le message est clair : l'opposition aux réformes est aussi absurde et vaine que l'était celle de Tsipras. Les deux déclarations ont vocation à fermer immédiatement la porte à toute concession. Le gouvernement bâtit un scénario : il se place délibérément dans le camp du bien contre une minorité défendant vainement ses rentes.

Dans un premier temps, cette stratégie a pu paraître gagnante. Les mobilisations sociales s'essoufflent, les réformes sont adoptées au pas de charge par une majorité obéissante. Mais, conformément à sa stratégie de « lutte contre les rentes », cette stratégie revient à monter les catégories les unes contre les autres : les « fainéants » qui refuseraient une réforme du marché du travail remettant en cause leurs avantages contre les travailleurs dynamiques prêts à s'adapter au monde qui change, ou encore des cheminots engoncés dans leurs privilèges contre des usagers qui en pâtiraient par une dégradation du service. Cette stratégie de la division est renforcée par la politique fiscale qui entend faire payer les retraités, « privilégiés » en France par rapport aux autres pays, ou encore les chômeurs et les bénéficiaires d'aides sociales, qui doivent davantage se justifier. La tension monte chaque jour un peu plus.

La victoire du gouvernement dans ses premières réformes fait cependant illusion. La réforme du marché du travail est fortement impopulaire[40], celle de la SNCF l'est moins, mais, pendant le rapport de forces du printemps, la cote de satisfaction du président de la République chute sous les 30 %. Car, avec cette stratégie du choc, il voit ses soutiens se réduire à la seule base sociale du néolibéralisme. Rapidement, l'ampleur du score du second tour s'efface et montre combien il relevait plus d'un vote contre Marine Le Pen que d'un vote en sa faveur. Le succès aux législatives a été utilisé pour justifier l'adhésion populaire aux réformes. Mais le résultat est trompeur. D'abord, parce que, depuis qu'en 2002, dans sa folle certitude d'être élu, Lionel Jospin a décidé de faire élire l'Assemblée nationale après le président de la République, ces élections relèvent d'un exercice formel de confirmation du vote présidentiel. Il a ainsi toujours été remporté par la majorité du président élu. Le caractère formel de cette élection se traduit par le taux d'abstention record de juin 2017 au second tour, de près de 58 %. Ainsi, le soutien au gouvernement parmi les inscrits est de 15,4 % au premier tour et de 18,9 % au second tour. Compte tenu de la division absolue du camp antinéolibéral, ce camp gouvernemental reste bien le

40 Dans un sondage Harris Interactive, les 4 et 5 octobre, elle est désapprouvée par deux personnes interrogées sur trois.

premier dans l'opinion, et il a donc sans conteste « gagné » ces élections. Mais cette victoire comporte un piège. En raison de l'effet déformant du système électoral français et du vote majoritaire à deux tours, elle donne une majorité parlementaire de 61 % à la majorité présidentielle. Le gouvernement peut prétendre s'appuyer sur une majorité, même si son projet de transformation est minoritaire dans le pays.

Il n'y a là rien de nouveau : c'est une constante de la Ve République. L'ambition du gouvernement est cependant très différente de celle de ses prédécesseurs. Jusqu'ici, à l'exception peut-être de 1986-1988, ces majorités parlementaires déformantes étaient utilisées pour construire des compromis sociaux. L'effet majoritaire était donc ménagé par cette conscience que le projet néolibéral était minoritaire dans le pays. C'est la source du modèle hybride français. Cette fois, la majorité macroniste nie cette différence entre la majorité légale et la majorité réelle. Elle considère que cette majorité parlementaire lui donne le droit de transformer le pays et d'ignorer les protestations. Sa politique est un passage en force, légal certes, mais qui n'en est pas moins réel et perçu dans l'opinion.

L'affrontement

Un temps, Emmanuel Macron a pu croire que cette stratégie brutale allait l'emporter en comptant sur la division indépassable de ses adversaires politiques et la passivité globale de l'opinion. Mais, à l'automne 2018, une étincelle fait exploser la poudrière et révèle au grand jour le désaveu profond de sa politique néolibérale. Devant l'annonce d'une nouvelle hausse du prix du carburant, sous couvert de protection de l'environnement, des appels à manifester sont lancés pour le 17 novembre 2018. Cette révolte des « Gilets jaunes » va rapidement prendre une grande ampleur et donner lieu, à la surprise générale, à des affrontements violents dans les rues de Paris le 1er décembre. Si le nombre de manifestants tend naturellement à se réduire, le mécontentement et la mobilisation perdurent pendant des mois. Régulièrement, on assiste à de nouveaux samedis d'affrontements à Paris et dans les grandes villes des régions. Tout se passe comme si cette poussée de colère venait compenser dix-huit mois de silence des classes moyennes.

Ce mouvement marque-t-il une opposition au néolibéralisme du gouvernement ? *A priori*, on pourrait en douter, puisqu'il commence comme une jacquerie fiscale et une lutte pour le pouvoir d'achat, donc une révolte contre un État qui serait confiscatoire. Pour autant, il serait sans doute erroné de s'en tenir là. Une simple jacquerie fiscale aurait dû être apaisée par l'annonce de la fin de la taxe carbone, qui a déclenché la crise, ainsi que par les mesures de baisses d'impôts encore plus fortes, annoncées le 10 décembre 2018 et le 25 avril 2019. Mais le mécontentement s'est rapidement concentré contre Emmanuel Macron et sa politique plus globale. Cette révolte fiscale s'est appuyée dès le début sur l'injustice perçue de sa politique : le lien est immédiatement fait entre l'exonération des patrimoines mobiliers de l'ISF et les hausses d'impôts qui frappent pour beaucoup une dépense contrainte comme le carburant.

Au fil des semaines, les revendications se précisent. Sur le plan fiscal, on réclame le rétablissement de l'ISF ou de nouveaux impôts sur les « riches » pour alléger le fardeau fiscal des plus modestes et des classes moyennes, mais aussi davantage de protection pour les services publics et une hausse du SMIC. Le « ras-le-bol fiscal » exprimé par les Gilets jaunes est aussi le fruit de l'aggravation des politiques néolibérales à partir de 2010. Les classes moyennes ont le sentiment justifié d'avoir payé les pots cassés de la crise (la consolidation budgétaire) et la baisse de la fiscalité sur les entreprises. Leur rejet de toute nouvelle taxe est un rejet de cette politique en faveur du capital. La question centrale est bien moins celle du pouvoir d'achat *stricto sensu* que de la justice fiscale. C'est pour cette raison que les Gilets jaunes demeurent insensibles aux promesses de baisses d'impôts.

Évidemment, le monde du travail, de l'entreprise, est relativement absent de ces revendications qui ne demandent pas, par exemple, de revenir sur les ordonnances. Ce n'est pas une surprise. La révolte contre un système emprunte obligatoirement des traits de ce système. On ne se rebelle pas de l'extérieur d'un monde, mais bien à partir du monde dans lequel on se situe. La révolte de l'époque néolibérale emprunte des traits nécessairement néolibéraux : ignorance de la confrontation entre travail et capital ou encore du rôle de l'État dans la prise en charge du pouvoir d'achat. Ceci amène souvent des confusions. On se souvient qu'avant la Révolution française le peuple s'était un temps allié avec les privilégiés des parlements contre l'absolutisme[41] avant de formuler ses propres demandes. L'histoire n'emprunte pas des chemins droits. Ce pourrait être ici le cas avec les Gilets jaunes. Ce mouvement de classes moyennes déçues par le néolibéralisme (auquel certains ont sans doute cru) fait remonter à la surface le rejet radical de l'État acquis au capital.

Car le rejet d'Emmanuel Macron est aussi le rejet d'une transformation massive du pays sur le mode néolibéral, et de la marchandisation de la société. Cette marchandisation, que les néolibéraux voient comme une chance, est perçue

41 Cela a notamment été le cas lors de la « journée des tuiles » à Grenoble le 7 juin 1788, où le peuple s'est soulevé pour protester contre l'exil des parlementaires, ces nobles opposés à toute réforme fiscale, parce que ces derniers étaient perçus comme des adversaires de l'absolutisme.

comme une menace par une grande partie de la population, qui rejette l'idée de concurrence et de compétition permanentes, et recherche plutôt la sécurité, la stabilité et la justice.

Pour la première fois ce sont les classes moyennes, celles à qui le modèle néolibéral fait le plus de promesses, qui manifestent leur profond désaccord dans les rues et sur les ronds-points. Ce qu'elles disent est sans appel : après dix-huit mois, elles ont le sentiment d'être dans le camp des perdants. Les demandes lancées à l'État pour améliorer leur vie reflètent aussi la perte de contrôle dans l'entreprise du monde du travail. À présent que le travail ne peut plus peser dans les entreprises, il demande à l'État d'assurer sa protection.

Or l'État néolibéral s'est rangé au côté du capital. Dès lors, ces révoltes visent également à rejeter cette prise de parti de la puissance publique dans la lutte de classes. En cela, une partie des Gilets jaunes se réclame de la Commune de Paris ou du CNR. Face à cette lame de fond néolibérale, ils expriment le sentiment central de la « perte de contrôle » face aux événements. L'État, désormais du côté du capital, semble leur échapper. Ils en réclament donc à nouveau la maîtrise par des instruments démocratiques, tels le référendum d'initiative citoyenne (RIC), davantage de proportionnelle ou une volonté parfois confuse mais parlante de disposer d'un gouvernement qui « représente vraiment les gens ». Face à une transformation qui vise à laisser la justice dans les mains des forces du marché, les Gilets jaunes, longtemps soutenus par une majorité dans l'opinion, réclament une maîtrise politique de la justice sociale.

Certes, les Gilets jaunes sont une minorité, mais ils ont longtemps disposé d'un vaste soutien de la population et, à l'instar des mouvements sociaux du passé, ils sont les révélateurs d'un malaise plus global, même s'il prend des formes diverses au sein de la société française. Pour Macron, cette crise est son vrai « moment thatchérien ». Comme la Première ministre britannique lors de la grève des mineurs de 1984-1985, il est confronté à un mouvement de fond qui a de véritables relais dans l'opinion. Il se retrouve face au problème majeur du néolibéralisme : comment gérer dans une démocratie les demandes populaires opposées aux réformes ?

Son choix est celui de la fermeté, comme dans le cas des oppositions aux ordonnances et à la réforme de la SNCF, et il n'entend pas lâcher devant la rue. « Le cap est le bon, et il sera tenu », proclame Édouard Philippe dès le 18 novembre au journal du soir de France 2. Au contraire, tout le gouvernement s'emploie à faire preuve de « pédagogie » pour montrer combien la politique de pouvoir d'achat du gouvernement, comme la suppression progressive de la taxe d'habitation ou la baisse des cotisations, dont la deuxième phase vient d'entrer en vigueur le 1er octobre, répondent à leurs attentes. Cependant, cette stratégie échoue, le mécontentement est plus vaste.

Après des affrontements violents le 1er décembre et la mise *de facto* de Paris en état de siège le 8 décembre par les forces de l'ordre, Emmanuel Macron décide de lâcher un peu de lest. Mais ce lest est soigneusement dosé : il n'entame pas la transformation néolibérale du pays. Au contraire, il s'agit même de l'accélérer par ce qui peut apparaître comme des concessions. Le 10 décembre, il revient à une stratégie néokeynésienne : favoriser l'adhésion aux réformes en « l'achetant » par du déficit budgétaire. La taxe carbone est abandonnée, la prime d'activité pour les personnes au niveau du SMIC relevée, la hausse de la CSG pour les petites retraites annulée pour 2019. Il est demandé au secteur privé de verser des primes exceptionnelles qui seront défiscalisées. Le prix de ces concessions s'élève à près de 11 milliards d'euros pour le budget, mais Macron et les élites néolibérales peuvent considérer que c'est le prix à payer pour pouvoir « tenir le cap », ne pas revenir sur les réformes et poursuivre la transformation avec, notamment la réforme de l'assurance chômage, de l'administration et des retraites. La même logique prévaut le 25 avril lorsque, dans sa première conférence de presse qui suit le « Grand débat », il annonce de nouvelles concessions : abandon de la désindexation des retraites et baisse de l'impôt sur le revenu.

La démarche est ici très différente de celle de ses prédécesseurs. Là où Jacques Chirac en 1986 abandonnait les réformes de la SNCF et de l'université, là où Édouard Balladur abandonnait le SMIC jeune en 1994, où Alain Juppé revenait sur sa réforme des retraites en 1995 et où François Hollande amendait sa réforme du marché du travail, le président ne cède pas un pouce sur les réformes structurelles. La défiscalisation du capital, et en particulier la réforme de l'ISF, centre du mécontentement du mouvement, est conservée. Mieux : au printemps 2019, malgré une opposition y compris au sein de la droite, il lance la privatisation d'Aéroports de Paris et annonce, pour financer la baisse de l'impôt sur le revenu, une revue des dépenses publiques et une réforme de l'administration. Macron n'engage aucun « tournant », il poursuit sa politique de transformation néolibérale en se gardant bien de revenir aux concessions et au compromis, comme auparavant. Il met sur la table de l'argent pour acheter l'adhésion à un rythme de réformes qu'il ne modifie pas. Le 25 avril, il le répète : il a raison, ses choix sont les bons, les réformes sont nécessaires.

Emmanuel Macron ne cède rien, il infléchit timidement sa stratégie vers une vision plus néokeynésienne.

Il creuse le déficit public pour gagner du temps et son pari culturel. Une fois la France transformée, l'austérité pourra s'installer, parce que le bloc social néolibéral sera fondé. La rupture avec les pouvoirs précédents est totale : on ne donne l'impression de céder du terrain que pour aller plus vite. L'ordre du jour demeure la fin du modèle français. Et c'est bien pour cela qu'aucune des concessions du pouvoir n'a réellement fait tomber la tension dans le pays. Les Gilets jaunes se réunissent tous les samedis, moins nombreux, mais toujours présents, tandis que la popularité du président demeure faible.

L'essentiel pour lui est de ne pas avoir recours aux choix démocratiques sur ces réformes précédemment. Ni la dissolution de l'Assemblée nationale ni l'option référendaire claire sur sa politique n'ont été proposées pour sortir de la crise. Seul un « Grand débat » baroque, confus et largement biaisé, s'est tenu, donnant l'occasion au président de la République de faire la leçon aux Français du haut de ses convictions. Ce « Grand débat » ne pouvait que confirmer les choix du pouvoir, sans engager la France dans une sortie de crise. Désormais, le président se barricade derrière son bloc social et ses certitudes comme il se barricade, à chaque déplacement, derrière des cordons policiers. La faiblesse de son soutien n'entame pas sa conviction d'être dans la vérité. Face à lui, une majorité rejette pourtant bel et bien cette transformation. L'incompréhension est telle qu'elle tourne en un affrontement avec l'État et son chef. Ce sont des bâtiments que l'on attaque, des ministères que l'on tente d'investir (comme celui du porte-parole du gouvernement Benjamin Griveaux) et des confrontations permanentes avec les forces de l'ordre, mais pas seulement. C'est aussi une violence symbolique visant le président, avec les portraits officiels que l'on décroche, les images d'Emmanuel Macron que l'on brûle ou que l'on exécute.

Cette violence n'est pas que le fruit de « dérapages », elle traduit la réalité d'un rejet radical qui se concentre sur la figure qui, dans la Ve République, décide de tout : le président de la République. Cet affrontement se matérialise parfois, comme le 4 février 2019 lorsque, de passage au Puy-en-Velay pour constater les dégâts de la préfecture attaquée par les Gilets jaunes, le chef de l'État est insulté par la population et doit fuir la ville sans demander son reste. Ce jour-là, l'affrontement n'est pas que symbolique. L'incident traduit le point de tension auquel le projet néolibéral radical porte le corps social. Une tension qui contraint pendant plusieurs mois Macron à se déplacer dans des conditions de sécurité très sévères, avec une « neutralisation » des abords de sa présence. Une forme d'enfermement symbolique qui renvoie à un enfermement symbolique dans ses certitudes. Cet enfermement conduit inévitablement à un durcissement du pouvoir. Dans cette ambiance de guerre sociale, la réponse sera l'autoritarisme.

5

Vers la démocratie autoritaire

L'impasse Macron

L'impasse politique

Dans le face-à-face qui s'installe entre une population rejetant massivement le tournant néolibéral d'Emmanuel Macron mais ne s'entendant pas sur une alternative et un pouvoir déterminé à mener ses réformes structurelles et considérant que le temps joue pour lui, le système institutionnel français est incapable de régler la tension par des moyens légaux.

Paradoxalement, ce système est pourtant un de ceux qui seraient les plus aptes à résoudre le problème central du néolibéralisme : encadrer la démocratie pour qu'elle s'occupe le moins possible de la circulation du capital, laisser la population à l'écart des grandes décisions économiques et obtenir l'obéissance du monde du travail.

La constitution de la Ve République a été construite précisément pour mettre fin, selon l'expression consacrée de Charles de Gaulle, au « régime des partis ». Il s'agissait de mettre un terme aux éternelles concessions et discussions entre les membres des fragiles coalitions gouvernementales qui ont constitué la vie politique au long de la IIIe et de la IVe République. Comme après lui les élites néolibérales, Charles de Gaulle y voyait là un instrument de déclin politique et militaire. La nouvelle Constitution d'octobre 1958, renforcée par l'élection au suffrage direct du président de la République, en 1962, et par la réintroduction du système majoritaire à deux tours, donne de larges pouvoirs à l'exécutif et réduit le Parlement en cas de majorité présidentielle claire à une simple chambre d'enregistrement des désirs de l'Élysée.

Un tel régime aurait pu imposer à la France une transformation néolibérale rapide et complète dès les années 1980, une fois ses élites pratiquement entièrement converties à la doctrine. De fait, à partir de ce moment, la France était dans une situation analogue à celle du Royaume-Uni lorsque, en 1979, Margaret Thatcher a pu, grâce au système majoritaire à un tour, disposer aux Communes d'une très large majorité, donc d'un immense pouvoir, avec 43 % des voix. Toutefois, en France, il n'en a rien été.

Dès la période gaulliste, l'immense pouvoir de l'exécutif, dont de Gaulle n'hésite pas à faire usage, notamment pendant la guerre d'Algérie où, après le putsch des généraux en avril 1961, il déclenche l'article 16 qui lui confère les pleins pouvoirs, n'est guère utilisé en matière économique. Au contraire, l'exécutif entretient déjà une forme d'équilibre entre les idées néolibérales défendues par plusieurs de ses conseillers et les idées keynésiennes alors dominantes. Le passage en force économique et social au service d'une doctrine n'est jamais envisagé. Une sorte de tradition commence même à s'installer : les questions économiques et sociales relèvent et relèveront au pire du compromis, au mieux du consensus. Rien d'étonnant si on se souvient de la césure que représentent, dans l'histoire économique du pays, la période 1928-1945 et la mise en place du modèle social. L'État devant apaiser avant tout la lutte de classes en France ne doit jamais, quand bien même le pouvoir serait fort, user de l'immense pouvoir constitutionnel accordé à l'exécutif pour rallier un camp ou l'autre. D'une certaine manière, le « tournant de 1983 » est une confirmation de ce principe, puisque la majorité socialiste renonce à gouverner en faveur du seul camp du travail. Mais les échecs de la droite en 1986 sont, de leur côté, la confirmation que l'on ne pouvait guère pousser le balancier dans le sens du capital.

Du reste, la logique de la Ve République est plus complexe. Priorité est donnée à la gouvernabilité du pays sur la représentation démocratique. Elle confère au président élu à la majorité absolue une légitimité et une stabilité pour son action, encore renforcées avec la réforme du quinquennat (2000). Toutefois, ce n'est pas un chèque en blanc. La majorité du second tour est acquise par l'agrégation de visions diverses plus que par une adhésion au programme du premier tour. Tout président se doit donc de prendre en compte la réalité selon laquelle il est le « produit » d'une majorité hétéroclite. C'est pourquoi les camps victorieux, droite ou gauche, cherchent en matière économique des compromis en leur sein.

Les tentations ont pourtant été nombreuses. Pour faire accepter leurs réformes néolibérales aux majorités étriquées, les gouvernements Chirac et Rocard ont massivement eu recours à l'article 49.3. Mais ils l'ont payé au prix fort électoralement ; surtout, cette procédure ne leur permettait pas d'aller au-delà de certaines limites. Sous la pression du mouvement social, Jacques Chirac a dû renoncer aux réformes de la SNCF et de l'université (qui promettaient une perte d'acquis sociaux), tandis que Michel Rocard a été contraint de donner des gages à sa gauche, avec notamment le RMI et le rétablissement de l'impôt sur la fortune. De façon significative, l'usage du 49.3, qui a bondi à partir de 1976 sous Giscard, devient anecdotique à partir de 1993. En revanche, même avec une majorité hétéroclite, Lionel Jospin n'y a pas recours durant ses cinq années à Matignon. Cela renvoie bien à deux périodes distinctes : 1976-1988 correspond à la tentative d'un passage en force du néolibéralisme ; 1988-2010 à la mise en place d'un modèle hybride. La Constitution française, la plus potentiellement autoritaire d'Europe occidentale, est ainsi devenue le lieu du compromis économique.

Or c'est ce compromis que condamne Emmanuel Macron, qui veut en finir avec le modèle mixte. Dès lors que les politiques traditionnelles n'y parviennent pas, un président complètement néolibéral doit être capable d'employer tous les leviers que lui donne le système politique – et ils sont considérables – pour engager la transformation du pays et sa soumission à cet ordre économique, avec l'idée que le temps joue pour lui : plus les réformes seront imposées vite et massivement, moins on fera de concessions, et plus les résistances à ces réformes seront faibles parce que vaines. Cette ambition était déjà celle de François Hollande et de Manuel Valls dans leur entreprise de mise au pas de la majorité de gauche à leurs réformes structurelles. L'usage à six reprises – un record depuis 1992 – de l'article 49.3 par Manuel Valls pour imposer à l'Assemblée nationale les réformes Macron et El-Khomri a prouvé que l'on changeait clairement d'époque.

Pour Emmanuel Macron, largement élu au second tour et doté d'une grande majorité à l'Assemblée nationale, la situation s'annonce plus confortable encore. Le président de la République peut gouverner sans entraves sur le plan légal et se prétendre pleinement légitime. C'est ce qu'il fait lors de ses vœux aux Français pour 2019, en rappelant que

« le peuple élit ses représentants qui font la loi ». Dans les faits, il joue évidemment sur un malentendu. Le second tour de 2017 est largement un vote défensif, accompagné par une abstention importante[1], et nullement un vote d'adhésion pour son programme. Emmanuel Macron aurait dû, plus encore que ses prédécesseurs, prendre garde à la diversité de ce vote. Simplement, une telle prudence entre en conflit ouvert avec son programme et, bien davantage, avec son existence politique même. Sa seule raison d'être politique est de mettre fin au modèle de compromis français. De ce point de vue, son contre-exemple absolu est Jacques Chirac en 2002. Élu comme l'ancien président dans un rejet du FN, il lui faut prendre une autre voie en appliquant pleinement et seulement son programme du premier tour.

On voit bien à présent que s'ouvre un gouffre béant entre le pays réel et le pays légal. Les réformes néolibérales ne rencontrent aucune opposition au Parlement, tandis qu'elles sont fortement contestées dans le pays. Un sondage BVA paru en mai 2017 montre l'ampleur du rejet du président de la République dans l'opinion, qui dépasse de loin les Gilets Jaunes et les contestations syndicales. Le constat d'échec du président atteint 56 % des répondants pour la croissance économique, 61 % pour l'emploi et 71 % pour la politique sociale[2]. Ce dialogue de sourds permanent, où un pouvoir oppose à une population la légalité de sa puissance, ne peut que produire une montée des tensions.

---

1 À 25,26 % des inscrits, l'abstention du second tour de la présidentielle de 2017 est supérieure de près de 6 points à celle de 2012 et est la plus importante depuis 1969, où le second tour opposait deux candidats de droite. Elle est aussi supérieure à celle du premier tour (22,23 %) et à celle du second tour de 2002, où on avait assisté à une mobilisation entre les deux tours. En 2017, il y a eu démobilisation de l'électorat.

2 Enquête BVA, réalisée pour Orange, RTL et la presse régionale, et parue le 10 mai 2019.

Comment les institutions de la Ve République peuvent-elles régler un tel conflit ? Dans les faits, rien n'oblige l'exécutif à prendre en compte cette opposition, et c'est l'option que choisit le chef de l'État. Il existe bien des portes de sortie, mais elles s'avèrent toutes assez inapplicables pour des raisons diverses.

La première est la dissolution de l'Assemblée nationale. C'est celle qu'a choisie Charles de Gaulle pour mettre fin aux événements de Mai 68 et récupérer une légitimité mise à mal par la contestation sociale. C'est aussi celle qu'a prise Jacques Chirac en 1997, pour disposer d'une majorité pouvant conduire des réformes structurelles après les événements de 1995. Toutefois, la situation est différente aujourd'hui. En juin 1968, la dissolution s'est accompagnée d'un compromis social avec les accords de Grenelle, à l'initiative d'un pouvoir qui pouvait donc apparaître garant du compromis. En 1997, une opposition à l'approfondissement néolibéral promu par Alain Juppé s'est présentée avec la coalition de gauche qui incarnait une voie plus apaisée, plus équilibrée. Avec Emmanuel Macron, le pouvoir est radicalisé. Il refuse tout compromis social. Cette vision extrémiste du pouvoir et la balkanisation de l'opposition conduiront toute dissolution à la répétition du scénario de 2017 ; elle pourrait lui donner à nouveau une victoire de façade. Mais sa légitimité n'en sortirait pas renforcée. Macron n'a nul besoin de prendre ce risque.

La deuxième option est le référendum. Emmanuel Macron pourrait suivre la voie de Charles de Gaulle en 1969, après les évènements de Mai 68 et réaliser sur un sujet clé un référendum, qui serait un plébiscite de fait, autrement dit un appel direct au peuple à décider de son maintien au pouvoir. Le cas de 1969 montre que la Constitution permet ce type d'appel plébiscitaire. Mais il faudrait pour cela que le président de la République accepte de démissionner en cas de rejet de son texte, ce qui n'est que son propre choix. Cette option est évidemment refusée par un pouvoir qui joue la montre et qui se sait très largement minoritaire sur ses options économiques. Du reste, ce type de plébiscite ne réglerait pas davantage la situation que la dissolution, faute d'opposition en ordre de bataille. Macron ne peut donc que refuser de soumettre les réformes à l'approbation majoritaire, et c'est pour cette raison qu'il se montre hostile à l'initiative de référendum d'initiative partagée (RIP) menée par des parlementaires de l'opposition sur la privatisation d'Aéroports de Paris (ADP). Édouard Philippe a même cru y voir un « vrai et grave problème démocratique » et une « situation dangereuse ». Rien d'étonnant à cela puisqu'une telle initiative réduit à néant la fiction légale selon laquelle il existerait une majorité en faveur des réformes néolibérales.

Reste un problème majeur : que donneraient de nouvelles élections après une défaite du président de la République dans un tel référendum ? Le camp politique favorable au néolibéralisme est aujourd'hui le plus cohérent et le plus uni. Les élections européennes de 2019 ont confirmé l'existence d'un cœur électoral solide mais très minoritaire[3]. La gauche avec ses différentes chapelles dispose d'une force supérieure, mais elle est profondément divisée. Le camp nationaliste est doté d'une force équivalente au camp néolibéral, mais il est radicalement rejeté par les deux autres camps. Pour l'heure, il n'existe pas de

3 Le 26 mai 2019, la liste soutenue par Emmanuel Macron a obtenu un peu plus de 5 millions de voix (22,41 % des suffrages exprimés et 10,72 % des inscrits), soit 2,3 millions de voix de moins qu'au premier tour des législatives de juin 2017 et 3,7 millions de moins qu'au premier tour de la présidentielle d'avril 2017. Ce résultat montre cependant une solidité de ce vote comparé à celui des anciennes majorités présidentielles, reflet de la solidité du bloc social soutenant Emmanuel Macron.

forces politiques capables d'unir sur le rejet du néolibéralisme. C'est ici que réside un des nœuds du problème politique français : si la population rejette en masse fondamentalement le modèle néolibéral comme trop défavorable au travail face au capital, ce rejet n'est pas suffisamment structurant pour constituer une unité politique. Cela peut se comprendre notamment par la diversité des solutions que l'on peut opposer au néolibéralisme et par l'absence d'un paradigme dominant de substitution. À la différence des années 1970, la disponibilité d'un tel paradigme n'existe pas. Pour chercher des alternatives, on a recours soit à des formes nouvelles et minoritaires (garantie de l'emploi ou revenu de base), soit à des solutions plus traditionnelles (plans de relance classiques, monétisation de la dette, nationalisme économique). Dans un tel contexte, le réflexe nationaliste apparaît souvent comme une solution de repli logique à beaucoup car il fait appel à la nostalgie de l'avant-néolibéralisme et à l'illusion d'un possible retour en arrière et d'une possible défense par la frontière. Mais ce réflexe ne peut devenir majoritaire car non seulement cette nostalgie n'est pas majoritaire, mais elle implique d'ajouter une nouvelle guerre, raciale ou ethnique, entre les composantes du corps social.

L'autre impossibilité réside dans la nature contemporaine du travail. Si la France a été une force de résistance au néolibéralisme, son marché du travail s'est fragmenté avec la précarisation des CDD et le recours à un salariat dissimulé sous une forme « indépendante » d'entreprises individuelles sous-traitantes. Dès lors, lorsque l'État passe franchement du côté du capital, l'ensemble des travailleurs en subit les conséquences négatives, il est difficile et malaisé de définir un intérêt commun pour des modes de travail qui prennent des formes aussi diverses et complexes. Politiquement, le travail ne peut donc plus fédérer.

Emmanuel Macron peut donc continuer à gouverner, sans bénéficier du soutien d'une majorité du pays. Il peut continuer à jouer sur le malentendu où élection vaut approbation pleine et entière du programme. Son rejet du comptage du vote blanc le 25 avril le prouve : il refuse que les citoyens se dérobent au choix par défaut dont il croit pouvoir toujours sortir vainqueur. Là encore, une nouvelle élection présidentielle pourrait renouveler celle de 2017. Et donc ramener à la case départ.

Le règlement politique de la crise, née de la transformation néolibérale de la France, se révèle impossible. C'est pourquoi le pouvoir en place n'a aucune raison de chercher un règlement décisif du conflit. Il préfère organiser un ersatz de démocratie avec le « Grand débat », moins conçu comme un débat que comme un moyen de relégitimer l'action néolibérale du pouvoir, par un questionnaire biaisé[4], et tout en permettant de canaliser la colère dans les « cahiers de doléances ». Dans les faits, ce « Grand débat » s'est limité à un exercice de communication du président de la République. Mais sa logique profonde était bien « cause toujours ». La conférence de presse du 25 avril 2019 est venue le confirmer. En introduction de son propos liminaire censé « répondre aux Français », il enfonce le clou : « Je crois que les transformations en cours et les transformations indispensables à faire dans notre pays ne doivent pas être arrêtées parce qu'elles répondent profondément à l'aspiration de nos concitoyens. » La stratégie de la course contre la montre continue : la population ignore que le néolibéralisme veut son bien. Une fois contrainte de s'y conformer, elle le comprendra. Il ne faut rien lâcher.

4 Romaric GODIN, « Du Lancement du "Grand débat" à la restitution, un processus biaisé », Mediapart, 13 mars 2019.

Ce « Grand débat » ne pouvait en aucun cas régler le fossé entre le pouvoir et la population. En réalité, le système politique et constitutionnel français ne le peut pas parce qu'il donne la priorité à la gouvernabilité sur la représentation. C'est un système qui ne peut sortir des crises que par la volonté présidentielle et par des solutions majoritaires. Si cette volonté n'existe pas, s'il n'existe pas de majorité alternative mais seulement une majorité d'opposition, alors la crise perdure. La situation institutionnelle est bloquée, et c'est pourquoi il n'y a pas de traduction politique du mouvement des Gilets jaunes : cette traduction conduirait à une fragmentation du mouvement et à son inefficience institutionnelle. C'est pourquoi la plupart des Gilets jaunes ne réfléchissent pas dans le système démocratique actuel, mais en dehors de lui. Cependant, évoluer vers un autre mode de représentation est difficile.

On a vu combien le cadre institutionnel actuel laissait peu de place à ce type d'évolutions. Il ne resterait alors que le coup de force (ce qui tentent certains) mais qui est une option hasardeuse et minoritaire. Et qui peut aussi conduire le pouvoir à justifier un tournant autoritaire qui, précisément, renforce encore davantage le mécontentement à l'égard des institutions et le blocage de la situation. Les portes institutionnelles de sortie de crise semblent donc se fermer les unes après les autres. Alors, ce pouvoir n'a-t-il pas d'autres moyens de réduire ce fossé avec la population ? Le néolibéralisme n'a jamais été très populaire, et, pourtant, il s'est largement imposé dans les pays occidentaux, par la séduction ou par la crainte. Ses méthodes sont-elles applicables à la France ?

L'impossible séduction

Une des premières voies de la conversion d'une société au néolibéralisme est l'usage d'arguments économiques. Il s'agit d'éviter l'« effondrement économique », de « rétablir la prospérité » et ainsi de « retrouver la puissance du pays ». Ces arguments ont été largement employés dans le Royaume-Uni de Margaret Thatcher, les États-Unis de Ronald Reagan, puis, plus tard, dans l'Allemagne de Gerhard Schröder. Ils se fondaient sur le succès de l'idée d'un ancien système à bout de souffle.

Macron est un grand utilisateur de ces moyens de persuasion. Son discours fait en permanence appel au « retour de la grandeur perdue de la France ». Les réformes structurelles sont faites pour « redonner au pays les moyens de cette grandeur et le respect international ». C'est aussi le moyen de rétablir la « nouvelle prospérité française », comme ne cesse de le marteler Bruno Le Maire. Gloire internationale et succès économique seraient intrinsèquement liés et l'entrée de la France dans la logique internationale marquerait son retour dans le jeu mondial. Le pouvoir macroniste utilise volontiers la confusion entre les deux niveaux : il fait de l'attractivité économique de la France un enjeu d'influence économique. Les grands dirigeants des multinationales sont invités au château de Versailles chaque année, sur le chemin du sommet de Davos, comme pour marquer que la France est incontournable au sein des multinationales qui sont au centre du jeu dans le monde néolibéral, les multinationales. Plus que jamais, Emmanuel Macron se verrait bien en « leader des marchés libres » contre les populistes et les Chinois. En rétablissant la grandeur économique de la France, il redonnerait au pays son rôle moteur en Europe et, ainsi, pourrait faire de l'UE le contrepoids au duel sino-états-unien.

Sauf que ce discours ne séduit guère. L'appel à la grandeur retrouvée de la France, dans une UE qui jouerait les premiers rôles sur la scène internationale, laisse largement sceptique, notamment parce que les compétitions entre États membres paralysent les actions communes (comme dans le cas de la taxe GAFA, qui n'a pu voir le jour au niveau européen) et que les principes budgétaires restrictifs européens empêchent de jouer dans la même cour que la Chine ou les États-Unis. De plus, la France est déjà une puissance diplomatique et militaire active et n'en est pas plus prospère. En jouant sur la corde patriotique pour justifier ses réformes, Emmanuel Macron joue avec le feu parce qu'il alimente une surenchère nationaliste sur la politique la mieux à même de rendre sa grandeur perdue au pays…

Surtout, la promesse économique néolibérale ne peut séduire la France. La présentation d'une France engoncée dans ses immobilismes et perdant, pour cela, son rang économique n'est guère audible au-delà des blocs sociaux déjà convaincus par la nécessité des réformes. Et pour cause : la dégradation de la croissance entre 2010 et 2016 est réelle, mais son fondement est moins à trouver dans le modèle français et son caractère hybride que dans l'avancée à marche forcée dans le néolibéralisme. De fait, l'austérité des années 2010-2013, suivie des économies faites notamment dans la santé et la justice, des réformes du marché du travail et enfin de l'austérité fiscale pour financer des exonérations de cotisations aux entreprises largement inutiles[5] ont fortement dégradé le rythme de croissance français, tout en créant des frustrations et la peur de l'avenir. De façon significative, en 2013, la France résiste moins bien que l'Allemagne au ralentissement de la crois-

5 Romaric Godin, « CICE, une évaluation biaisée », Mediapart, 9 octobre 2018.

sance européenne. Le modèle économique français a été affaibli par la brutalité des politiques néolibérales, et c'est à ce moment que la croissance française perd du terrain. Certes, certains prétendent, et c'est un procédé courant, que les réformes ont été trop tardives et qu'il faut donc les accélérer, mais ce discours est peu audible pour des Français qui constatent avec bon sens que le modèle précédent était plus solide que le nouveau.

Malgré ses efforts, Emmanuel Macron a toutes les peines du monde à convaincre que son pouvoir a mis en place les bases de cette « nouvelle prospérité ». La croissance s'est affaiblie structurellement partout, et la France, pénalisée par l'étroitesse de son outil productif, ne gagne guère en compétitivité[6]. Alors qu'il prétend avoir rétabli l'attractivité du pays[7], les créations d'emplois issues des investissements étrangers ne cessent de baisser, et le chômage recule, principalement en raison de l'amélioration cyclique de la conjoncture. Ce discours du redressement ne fonctionne pas parce qu'il prétend que, jusqu'ici, la France était hors du monde. Or elle a toujours été dans le monde, et, depuis 2010, elle est même entrée plus franchement dans le néolibéralisme. On dispose donc d'un premier bilan, peu réjouissant, et il est fort difficile de faire rêver en prétendant que, en allant encore plus loin dans ce courant, les choses iront mieux.

De même, il est difficile de faire rêver avec les modèles étrangers de réussites supposées du néolibéralisme. Macron ne cesse depuis 2010 de prétendre que « la France est le seul grand pays européen à ne pas avoir vaincu le chômage

6 Le gouvernement a un discours très satisfait sur la croissance, mais, depuis 2017, son niveau ne cesse de ralentir pour s'approcher du niveau de croissance potentielle du pays identifiée par les économistes.

7 Romaric GODIN, « Les mirages de l'attractivité économique de la France », Mediapart, 5 avril 2019.

de masse ». Cette rengaine est doublement erronée : deux grands pays européens, l'Italie et l'Espagne, n'ont pas vaincu le chômage de masse et ont des taux de chômage supérieurs à ceux de la France ; ceux qui ont vaincu le chômage de masse l'ont fait par une division subie du temps de travail et une précarisation de l'emploi. Il est en réalité bien difficile de dépeindre un monde idéal où les contrats à temps partiel représentent près de la moitié des contrats, comme aux Pays-Bas, ou près de 30 %, comme en Allemagne. Du reste, le développement des travailleurs pauvres en Allemagne, par exemple, n'est pas un modèle attractif pour la population. Personne ne peut imaginer ni espérer que l'avenir de la France passe par une augmentation de son taux de pauvreté pour aller chercher quelques points de croissance.

Globalement, la politique économique néolibérale en France aboutit à une impasse. Le pays est tellement désindustrialisé que l'obsession de la compétitivité-coût a peu d'impact sur l'activité. Le CICE a ainsi eu un « impact nul » sur la compétitivité, de l'avis même des rapports d'évaluation, pourtant très modérés, de France Stratégie[8]. La baisse du coût du travail relatif face à l'Allemagne depuis 2010 n'a pas conduit à des gains notables de parts de marché. L'investissement des entreprises ne semble pas corrélé aux réformes et reste de qualité discutable, puisqu'il ne se traduit pas par une montée en gamme de la production française. Que peut alors promettre une politique néolibérale qui fait une confiance aveugle[9] à un capitalisme français qui a commis par le passé des erreurs si immenses, comme les délocalisations massives des années 1990, qu'il a fallu tout

8 Rapport du comité de suivi du CICE, octobre 2018, p. 31.

9 À l'université d'été du MEDEF, le 31 août 2018, Bruno Le Maire affirmait ne pas vouloir « poser de conditions » au patronat pour les baisses de cotisations, le PFU, la réforme de l'ISF et la baisse du taux de l'impôt sur les sociétés.

l'équilibre du modèle français pour réduire la casse ? La montée en gamme de l'économie est peu crédible. Reste alors une compétition par les coûts, qui est la politique de la plupart des États européens aujourd'hui, ce qui la voue à l'échec, d'autant que la demande, plombée par l'Allemagne, reste globalement faible. La France ne peut donc espérer rattraper l'Allemagne, qui dispose d'une avance structurelle liée à son outil industriel unique irrécupérable à moyen terme, ni gagner des parts de marché, sauf à s'appauvrir massivement face aux pays à bas coûts comme l'Italie et l'Espagne. Cette politique est une impasse[10].

Quant à la « start-up nation » ou à la création d'une économie de la connaissance, tout ceci n'est rien d'autre qu'un mythe. La promesse macroniste de bâtir une société d'entrepreneurs-inventeurs créant des entreprises innovantes valorisées par la finance repose principalement sur du vent. C'est la queue de la comète du mythe états-unien de la Silicon Valley, mais où la majeure partie des start-up sont des échecs cuisants et génèrent peu d'emplois. Celles qui réussissent présentent-elles des modèles économiques qui bénéficient à l'intérêt général ? On peut en douter aussi. L'économiste Mariana Mazzucato, qui a exploré ce secteur de l'innovation avec attention, notamment aux États-Unis, en tire un bilan très contrasté. Les entreprises qui réussissent le font souvent grâce à la recherche publique, qu'elles utilisent largement. Une disposition de la loi Pacte permet en outre de mettre à disposition du privé des chercheurs du secteur public. Alors se pose le problème du bénéfice, qui est souvent privatisé. Pour Mariana Mazzucato, « l'innovation est produite collectivement », et, dès lors, ses « bénéfices devraient être parta-

10 Romaric GODIN, entretien avec Éric HEYER, « Les politiques de compétitivité sont des impasses », Mediapart, 23 septembre 2018.

gées collectivement[11] ». Mais, dans le monde de l'innovation qu'Emmanuel Macron défend, ce n'est pas le cas puisque la redistribution est réduite par la baisse de l'impôt sur les sociétés, par la baisse des cotisations, par l'exonération de l'ISF et le prélèvement forfaitaire unique (PFU). Le risque est de se retrouver face à ce que Mariana Mazzucato appelle l'« entreprenariat improductif », qui se contente d'extraire la valeur issue de la recherche et de créer *de facto* une rente sous l'illusion de l'innovation[12].

Le néolibéralisme utilise l'État pour faire fructifier le capital privé. Le culte de l'« innovation » est en réalité le culte de l'innovation valorisée par les marchés. Mais nullement celui de l'innovation qui profite à tous. Le secteur des start-up est un secteur où l'organisation du travail se révèle particulièrement dure. La compétition y est permanente, et l'insécurité complète. Mais, pour développer l'« agilité » de ces start-up, l'État précarise et réduit la sécurité de l'ensemble du monde du travail, afin précisément d'augmenter le taux de profit pour que ces capitaux aillent alimenter les secteurs innovants. Pour ceux que les start-up laissent sur le chemin, il ne reste que la précarité, les bas salaires et l'insécurité sociale, valorisés comme des « prises de risque ». L'hypervalorisation de la start-up est le prétexte à une marchandisation généralisée et brutale de la société. Comme le souligne Mariana Mazzucato, l'innovation est essentielle, mais elle doit être centrée sur sa valeur pour le collectif. Ce qui n'est cependant pas le problème central du marché.

À cela s'ajoute la faiblesse des choix stratégiques du capitalisme français. La robotisation est extrêmement faible en France, ce qui est un problème majeur. Et, pourtant,

11 Mariana Mazzucato, *op. cit.*, p. 227.

12 *Ibid.*, p. 206.

l'investissement demeure élevé : c'est donc que les investissements réalisés, donc les choix des entreprises en ce domaine, sont de mauvaise qualité. C'est là bien plus le problème central qu'un potentiel manque de financement, comme le prétendent les néolibéraux. Avec des taux aussi bas qu'aujourd'hui et des marges en hausse, rien ne devrait empêcher l'économie française d'innover et de monter en gamme. Si tel n'est pas le cas, c'est bien que les choix faits par le secteur privé ne sont pas pertinents. Pourquoi imaginer alors que leur accorder plus de confiance aveugle permettra d'améliorer les choses ? Dans ces conditions, le projet d'Emmanuel Macron de promettre un hypothétique plein-emploi par le marché, au prix d'inégalités croissantes pour un gain incertain, semble peu capable de motiver au-delà des habituels soutiens à ce type de projets. Car, même si la France fait mieux en matière de pauvreté que la plupart de ses voisins, le nombre de pauvres n'a cessé d'augmenter depuis l'application des réformes structurelles. Abandonner le modèle protecteur français pour créer une croissance plus inégalitaire ne saurait séduire la masse des Français. C'est ce qui explique la forte opposition aux mesures symboliques du gouvernement, comme la baisse de 5 euros des APL simultanément à la fin de l'ISF et à une limite de l'impôt sur les revenus du capital. Le gouvernement semble dès lors incapable de pouvoir séduire les Français par ses projets économiques.

Une « révolution » à contretemps

Le monde change, effectivement, mais pas dans le sens que le décrit Emmanuel Macron. Depuis 2008, le néolibéralisme est en crise profonde. La crise de la zone euro a pu maintenir l'illusion que ce courant avait encore un avenir par un retour de situation, par un transfert à la dette publique d'une crise née des excès de la finance. Mais les ravages des politiques d'austérité et les conséquences politiques qu'elles ont provoquées un peu partout ont vite déchiré le rideau. Surtout, depuis 2008, ce sont la Chine et les banques centrales qui ont sauvé le système en injectant des milliards de dollars dans l'économie. Et, pourtant, la croissance reste atone au regard du passé. L'économie néolibérale est sous perfusion et vivote avec cette perfusion. Malgré cela, les études de grandes institutions comme l'OCDE ou le FMI continuent de proclamer haut et fort qu'il faut encore des réformes structurelles et que, en France, de telles réformes pourraient conduire à de magnifiques gains de croissance[13] en faisant tourner des modèles fondés sur les présupposés théoriques néolibéraux. Mais elles-mêmes ont du mal à y croire quand leurs propres recherches commencent à émettre des doutes. Ainsi, les deux organismes ont dû reconnaître, dans un rapport publié par l'OCDE, non seulement l'inexistence de la théorie du ruissellement, mais aussi l'aspect négatif des inégalités sur la croissance[14]. Le lien entre les politiques néolibérales et les inégalités est désormais établi, et ce lien peut faire partie de l'explication du ralentissement de la productivité. Dans une autre note, le FMI s'est même interrogé sur le fait que le néolibéralisme a pu être « survendu[15] ».

Le consensus d'avant crise entre néokeynésiens, néoclassiques et néolibéraux survit, tant bien que mal. Les économistes tentent, à longueur de séminaires, de sauver les

13 Le rapport de l'OCDE sur la France pour 2019 promet, grâce aux réformes en cours, une hausse de 3,2 % du PIB par habitant sur dix ans.

14 OCDE, *Trends in Income Inequality and its Impact on Growth* (8 décembre 2014) et *Causes and Consequences of income inequality* (15 juin 2015), IMF Staff Discussion Notes.

15 Jonathan D. Ostry, Prakash Loungani et Davide Furceri, *Neoliberalism Oversold ?*, IMF Finance & Development, juin 2016.

modèles, comme le DSGE[16] ou la pertinence de réformes structurelles. Mais les positions tendent à s'éloigner. Les néokeynésiens revendiquent de plus en plus la nécessité de revenir à des politiques actives pour compenser les effets des réformes. Olivier Blanchard, le père du consensus, défend désormais le recours à la dette pour réaliser des investissements d'avenir ambitieux, lorsque, comme c'est le cas aujourd'hui, le taux d'intérêt est inférieur au taux de croissance. Blanchard l'a même proposé ouvertement à Emmanuel Macron, qui ne l'a guère entendu. Trois économistes de cette école, Jean Pisani-Ferry, Philippe Martin et Philippe Aghion, sans rompre ouvertement avec le président de la République qu'ils ont inspiré, ont fortement critiqué sa méthode[17]. Le problème est qu'Emmanuel Macron défend une vision de plus en plus en décalage avec l'état de la science. Son néolibéralisme radical, issu de la commission Attali et de quarante ans de lutte contre le modèle français, oublie que ces méthodes ont échoué lourdement en 2008, mais aussi après.

En Argentine, la tentative du président Mauricio Macri de rétablir la logique néolibérale après son élection en 2016 s'est terminée en désastre, avec un plan d'ajustement classique qui lui-même échoue entre 2018 et 2019. Dans les pays modèles d'Emmanuel Macron, en Allemagne notamment, on s'interroge pour savoir si l'on ne serait pas allé trop loin : les réformes Hartz, le frein à l'endettement, l'obsession de la compétitivité, le refus de l'investissement

---

16 Le modèle DSGE « dynamique stochastique d'équilibre général » est un ensemble de modèles mathématiques fondés sur la théorie néoclassique permettant de mesurer l'impact de réformes ou d'actions économiques des agents à partir de comportements microéconomiques et de diverses hypothèses posées *a priori*. Il est très utilisé par l'orthodoxie macroéconomique et les banques centrales.

17 Cédric PIETRALUNGA, « La note de trois fidèles de Macron pour un rééquilibrage social », *Le Monde*, 10 juin 2018.

public, tout est désormais sujet à questionnement. Enfin, dans les pays pionniers du néolibéralisme, États-Unis et Royaume-Uni, le système est en crise profonde, alors que ce sont les salariés qui ont payé le prix de la crise, par l'austérité, la modération salariale et la précarité. Malgré une croissance de façade, le rejet de ce système, là aussi confus et parfois contradictoire, a donné des symptômes aussi inquiétants que la victoire de Donald Trump et celle du Brexit.

De façon générale, les grandes idées qui fondent le néolibéralisme paraissent usées : la concurrence, même encadrée par un État néolibéral, conduit à des oligopoles tellement puissants qu'ils tiennent les États à leur merci. Le pouvoir des multinationales le prouve avec éclat. La liberté de circulation des capitaux détruit l'État social et creuse les inégalités jusqu'à des niveaux inacceptables, alors que les crises financières sont souvent assumées et payées par les populations au travers de politiques d'austérité. Aucune des grandes promesses du néolibéralisme n'a été tenue à ce jour : ni la prospérité, ni le combat contre les inégalités, ni le progrès social. Aux États-Unis, le consensus est menacé par l'émergence de nouvelles théories comme la MMT (*Modern Monetary Theory*) qui entendent s'en affranchir et inspirent des personnalités politiques très populaires qui n'hésitent plus à se définir comme « socialistes », à l'image de Bernie Sanders, un des candidats démocrates à l'investiture et de la représentante Alexandria Ocasio-Cortez[18]. Comment le président français

18 La MMT est une théorie qui estime qu'un État qui dispose de sa monnaie doit pouvoir pourvoir à tous les besoins de sa population, écologiques et sociaux. C'est le secteur marchand qui doit s'ajuster pour éviter la surchauffe et non le secteur public qui répond à des besoins. Cette théorie défend donc une « garantie de l'emploi », *Cf.* Romaric Godin et Mathieu Magnaudeix, « Aux États-Unis, le New Deal redevient une idée d'avenir », Mediapart, 15 février 2019.

peut-il espérer séduire au-delà de son électorat « naturel », constitué des gagnants de ce système, avec son idée périmée d'un arbitrage entre les inégalités et la croissance en faveur de la seconde, alors que, partout, l'idée de cet arbitrage est rejetée ?

D'autant qu'une des impasses principales aujourd'hui concerne celle de la transition énergétique et écologique. Se présentant comme un écologiste convaincu ayant pris le contre-pied de Donald Trump le soir même où ce dernier annonçait le retrait des États-Unis des accords de Paris sur le climat, par un tonitruant « *Make our planet great again* », Macron peine à aller plus loin que les mots. Les objectifs français ne sont pas remplis, le gouvernement, pour stimuler l'investissement, a engagé une réduction des normes. Confronté à sa logique néolibérale de donner la priorité aux marchés, l'engagement écologique d'Emmanuel Macron se réduit à des actes de communication, comme lorsqu'il vote consciemment en vain contre la réouverture des négociations commerciales entre l'UE et les États-Unis ou lorsqu'il interdit (avec des exceptions) la prospection d'hydrocarbures dans un pays qui n'en produit presque pas. Aucune mesure d'envergure, à la hauteur des réformes structurelles, n'a été prise pour le climat. Et surtout pas les immenses investissements qui avaient été prévus. On s'est contenté de redéployer des dépenses déjà programmées pour faire un « paquet » présentable sur le plan de la communication mais inefficace en vérité, alors qu'il manque entre 25 et 85 milliards d'euros par an pour que la France puisse réellement faire face au défi climatique[19].

Quant à l'idée phare du « néolibéralisme vert », la hausse du prix sur les activités polluantes, c'est une impasse.

19 Voir : Alain GRANDJEAN, *Agir sans attendre*, Les Liens qui libèrent, Paris, 2019, p. 21.

Elle renvoie à l'idée qu'en usant d'un « signal prix » les activités vont se redéployer vers les activités non polluantes. Sauf qu'en absence d'investissements massifs organisant la sobriété énergétique et les technologies équivalentes, cette stratégie revient à simplement renchérir le prix pour le consommateur et à provoquer des pénuries ou des difficultés sociales, alors même que les salaires sont comprimés par la logique néolibérale. Les investissements privés sont trop risqués et incertains, et la hausse des prix ne les alimente que rarement. Et puis, le processus est trop long et trop coûteux pour la logique économique actuelle. La révolte des Gilets jaunes a traduit cette impasse dans la rue : c'est une crise d'une logique de marché voulant faire l'économie d'investissements publics massifs.

Le 29 août 2018, Nicolas Hulot, ministre de l'Écologie, constatant son impuissance, démissionne, soulignant l'échec du néolibéralisme vert. De ce point de vue, Emmanuel Macron ressemble à ces marques de lessive qui « verdissent » leur image pour vendre toujours plus, mais qui continuent à fabriquer des produits très polluants. Le président « verdit » son discours néolibéral en prenant quelques décisions symboliques pour asseoir sa communication. Dans les faits, il continue de privilégier le fonctionnement d'institutions qui soutiennent la recherche du profit rapide et intensif, et le cadre qu'il propose ne peut ainsi s'extirper de la question de la compétitivité. Or, si l'on doit être compétitif, on ne peut réellement alourdir les contraintes, notamment écologiques. Ainsi, sur la question du transport, le gouvernement a décidé de ne pas envoyer de signal prix dans un des rares domaines où il pourrait fonctionner : le transport aérien intérieur. Au contraire, avec la loi Macron de 2015, le choix qui est fait est celui d'une priorité donnée non à l'urgence écologique mais uniquement à la concurrence par les prix. Preuve que les deux logiques, écologique et néolibérale, ne cessent de s'opposer.

Il semble de plus en plus évident qu'une politique climatique conséquente passera aussi par une lutte contre les inégalités. Pour plusieurs raisons : les riches ont un bilan carbone plus fort que les ménages les plus modestes ; c'est par la régulation des excès des marchés que l'on construira un modèle moins consommateur de ressources naturelles ; c'est par une innovation « ciblée » et conduite dans l'intérêt général que l'on pourra accompagner la transition énergétique ; et c'est par une politique fiscale ciblée que l'on pourra faire accepter la transition écologique aux plus modestes. Autant de voies que n'emprunte pas la majorité d'Emmanuel Macron.

Concentré sur sa critique du modèle français, le président défend une politique datée et à contretemps. Il entend réaliser la révolution thatchérienne avec quarante ans de retard et dans un contexte où le néolibéralisme flamboyant s'est mué en un néolibéralisme en crise. Car les ressorts du néolibéralisme sont bel et bien brisés : le commerce mondial ralentit, à l'instar de la productivité et de la croissance. Les exigences climatiques et sociales s'opposent à lui. Le rejet français, longtemps présenté comme incompréhensible et rétrograde, prend désormais une tournure plus rationnelle par son souci d'équilibre entre travail et capital et par son attention à l'égalité. Comment, alors, Emmanuel Macron peut-il espérer acheter de la patience dans ces conditions ? Comment peut-il espérer que de simples baisses d'impôts, en grande partie utilisées pour justifier les réformes, viennent calmer le rejet de la marchandisation de la société quand, partout, ce modèle s'effrite ?

L'impossible contrainte extérieure

S'il n'est pas possible de séduire les masses françaises par des promesses de prospérité, peut-on compter sur la contrainte extérieure ? Cette méthode est, on l'a vu, couramment utilisée pour résoudre le problème démocratique du néolibéralisme. Dans les années 1980 et 1990, les pays émergents d'Amérique du Sud ou d'Asie ont basculé parfois violemment dans le néolibéralisme par une pression extérieure exercée par leurs créanciers privés ou publics. La crise de la zone euro est une autre forme de contrainte de ce type où une crise financière est utilisée pour obliger des pays à intégrer plus franchement le paradigme néolibéral. Le schéma est classique lorsqu'une crise économique ou financière violente se transmet à l'État. Pour sortir de la crise, on impose alors une thérapie de choc par un vaste programme de réformes présenté comme la seule voie possible hors de la crise. Mais cette thérapie est surtout destinée à briser les résistances et à réussir cette révolution culturelle qui est la clé du modèle néolibéral. C'est la fameuse « stratégie du choc » développée par Naomi Klein[20].

Toutefois, cette méthode n'est guère applicable à la France où, malgré le discours décliniste martelé depuis quarante ans, le pays n'est pas au bord du gouffre ni de la faillite, comme le prétendait François Fillon en… 2007. Les efforts pour imposer cette vision ont toujours été vains. La France, quoique fort endettée à près de 100 % de son PIB, apparaît comme un maillon fiable parmi les créanciers internationaux. L'administration française a la capacité à faire rentrer les impôts, et la population française, malgré des « ras-le-bol fiscaux » réguliers, paie globalement ses taxes, à l'exception des grandes entreprises en raison des mécanismes dits d'« optimisation fiscale[21] », mais ce n'est

20 Naomi Klein, *La Stratégie du choc*, Actes Sud, Arles, coll. « Babel », Paris, 2013.

21 Selon les données collectées par Attac, les entreprises du CAC 40 paient moins de 7 % d'impôt sur les sociétés, contre un taux effectif moyen de 30 % en France.

pas là une spécificité française. La confiance dans la dette française, qui n'a jamais été restructurée depuis 1797, est plutôt bonne, notamment en comparaison avec les États qui présentent des niveaux de dette comparables. La croissance française, plutôt dans la moyenne de la zone euro, est suffisante pour rassurer des créanciers qui, dans les faits, ont plutôt validé le modèle français pour ce qui les concerne[22]. De plus, les taux sont bas, et la BCE a montré depuis le fameux « *whatever it takes* » de juillet 2012[23] qu'elle est prête à garantir l'absence de faillite, ce qui apporte une garantie supplémentaire et non négligeable aux marchés internationaux.

Certains s'inquiètent d'une possible hausse des taux qui serait insupportable au budget national. En réalité, cette hausse des taux ne devrait survenir que lorsque l'inflation sera suffisamment forte pour que la BCE resserre ses propres taux. Or la dette est calculée sur le PIB nominal, qui prend en compte l'inflation. La clé n'est donc pas l'évolution des taux en soi, mais des taux réels. Ce qui sort du budget par les fenêtres de la hausse des taux peut y entrer par la cave de la hausse de l'inflation, générant plus de recettes. La hausse des taux conduit à une crise lorsqu'elle est, comme cela a été le cas pendant la crise de la zone euro, soudaine et beaucoup plus rapide que l'infla-

22 L'écart entre le taux d'obligation d'État français à dix ans et le taux allemand à dix ans ou « spread », qui mesure la prime de risque réclamée par les investisseurs, est tombé sous le niveau de 1 point de pourcentage en 1990 et ne l'a dépassé que très ponctuellement depuis. Jusqu'en 1984, il était au-dessus de 4 points. Ce parcours est différent de celui d'autres États comme l'Italie ou l'Espagne, dont les spreads se sont réduits plus tardivement et qui ont retrouvé des niveaux beaucoup plus élevés pendant la crise de 2010-2013.

23 Cette phrase a été prononcée à Londres le 26 juillet 2012 par le président de la BCE Mario Draghi, qui promettait de défendre l'euro « quel qu'en soit le coût » et annonçait la possibilité d'une action vigoureuse contre les attaques des marchés envers les États les plus fragiles. C'est le début de la fin de la crise de la dette, au moins sur le plan financier.

tion. Rien pour l'instant ne laisse penser que ce scénario concerne la France. Donc, à moyenne échéance, rien ne laisse supposer que la France serait sous le coup d'une menace des marchés. Au contraire, le taux bas, inférieurs à la croissance, constituent, comme ne cesse de le rappeler Olivier Blanchard, une opportunité. Il n'y a donc, sur ce front, aucun risque sérieux.

Cette menace fantôme n'a en outre que peu d'impact sur l'opinion. En 2012, elle a été brandie pour mettre en garde contre la victoire de François Hollande, sans rien modifier au résultat. En 2017, elle a aussi été brandie pour mettre en garde contre la montée de Jean-Luc Mélenchon dans les sondages, sans empêcher ce dernier de continuer à progresser. Il est impossible à Emmanuel Macron de prétexter une quelconque pression externe des marchés pour justifier des réformes. Il ne l'utilise du reste qu'assez peu, et plutôt pour justifier un risque futur, car ce type de pression est inopérant.

Reste cependant une question : les règles de la zone euro peuvent-elles constituer une contrainte suffisante pour imposer aux Français la politique de leur président ? Beaucoup de gouvernements ont utilisé les règles européennes pour justifier l'austérité ou les coups de canif réguliers dans le modèle français. Cela a été le cas du « tournant de la rigueur » de 1983, justifié par le maintien dans le SME, jusqu'à l'austérité de 2010-2013, justifiée par la crise de la zone euro, mais aussi las de la politique d'Alain Juppé menée au nom de la « qualification » dans l'euro. Cet appui sur l'Europe pourrait être un ressort puissant pour les politiques néolibérales, compte tenu de l'attachement très majoritaire des Français à l'UE. En réalité, il n'en est rien. Ce n'est qu'en 1983 que le prétexte européen a pu réellement justifier les politiques choisies, parce qu'une autre politique impliquait effectivement la sortie du SME. Il a été largement réutilisé pour obtenir un vote positif, de peu, au référendum de 1992 sur le traité de Maastricht. Mais, dès que l'on passe aux « exercices pratiques », la situation est différente. Ni en 1995, ni en 2004, ni même en 2012, la justification européenne n'a suffi à faire accepter à l'opinion les politiques néolibérales. En 2005, c'est à cause de son caractère bien trop néolibéral que la Constitution européenne a été rejetée par une partie notable – et décisive – de la gauche.

Il est indéniable que les règles économiques européennes constituent à partir des années 1980 un élément jouant en faveur du paradigme néolibéral. Mais il est vrai également que le modèle mixte français a pu voir le jour en grande partie malgré ces règles. Certes, depuis 2010 et la promenade de Deauville, le cadre européen de surveillance macroéconomique dans une optique néolibérale a été fortement durci. La Commission européenne encourage davantage les États membres de la zone euro à engager des réformes structurelles grâce à la « procédure de déséquilibre macroéconomique ». Les nouvelles règles, imposées par Berlin, sont clairement d'inspiration ordolibérale allemande, centrées sur la prévention et la lutte contre les déséquilibres créés par les déficits et la dette publics. Avec le « pacte budgétaire » (le TSCG) de 2012, cette prévention est désormais inscrite dans les Constitutions nationales. Une « règle d'or » fixe des limites strictes de déficits structurels, donc de déficits par rapport à la croissance potentielle – une notion de plus en plus contestée parmi les économistes – et un chemin de désendettement.

Cette contrainte constitutionnalisée, à laquelle s'ajoutent la surveillance d'un Haut Conseil des finances publiques « indépendant », comme les affectionnent les néolibéraux, et un avis de la Commission sur les budgets nationaux avant leur vote, offre un cadre qui détermine une grande partie des choix faits depuis 2010. Par deux fois, la Commission n'a pas hésité à intervenir dans les budgets nationaux pour demander – et obtenir – des modifications : au Portugal en 2016 et en Italie en 2019. À chaque fois, il s'agissait de s'assurer du maintien de la trajectoire de réduction des déficits et de la sauvegarde des réformes structurelles.

Car l'application de ces règles est unilatérale. Depuis 2011, l'Allemagne dépasse la limite de 6 % du PIB d'excédent courant fixée par la « procédure de déséquilibre macroéconomique » de la zone euro. Cet excédent traduit un excès d'épargne qui pénalise la demande et donc la conjoncture en zone euro, et rend l'ajustement unilatéral des pays en déficit particulièrement difficile, puisqu'ils doivent réduire ces déficits avec une demande faible. Cette régulation des excédents est aussi importante que celle des déficits dans une optique keynésienne. Mais pas dans une optique néolibérale où on considère, au contraire, que la lutte unilatérale contre les déficits permet de maintenir la pression sur l'État pour qu'il poursuive sa « transformation ». La Commission n'a ainsi jamais réellement menacé l'Allemagne de sanctions si elle ne dépensait pas davantage, ce qui constituerait le moyen le plus simple de réduire cet excédent courant. En revanche, elle a toujours demandé aux États en déficit de s'ajuster.

Par cette contrainte sur la demande et cette exigence constitutionnalisée, le cadre européen joue un rôle contraignant plus marqué depuis le début des années 2010. Les gouvernements de Nicolas Sarkozy et François Hollande ont volontiers utilisé cette contrainte pour justifier leurs politiques d'austérité ou de réformes structurelles.

Toutefois, cette justification n'a pas suffi. Les Français sont europhiles mais pas favorables à une Europe néolibérale, ce qui explique la courte majorité du traité de Maastricht en 1992 et le vote contre le projet de Constitution de 2005, malgré l'attachement majoritaire à l'UE. De plus, la

France sait encore globalement jouer avec les contraintes. Hollande a renoncé en 2012 à son objectif fou de revenir immédiatement à 3 % du PIB de déficit sans déclencher de sanctions. De même, le Portugal, depuis 2016, et l'Espagne, depuis 2018, ont pu modifier à nouveau quelques-unes des réformes imposées pendant la crise, comme les baisses du salaire minimum ou des mesures d'austérité budgétaire, et la Commission ne les a pas sanctionnés. Concrètement, si la France décidait de maintenir son modèle mixte, la Commission menacerait sans doute le pays de sanctions, mais ce ne serait pas suffisant pour créer une contrainte telle que la population doive accepter les réformes pour rester dans l'euro. C'est la différence, ici, avec l'Italie, qui est davantage sous la pression des marchés avec un secteur bancaire fragile. C'est pour cette raison que le gouvernement Conte a dû, à l'automne 2018, accepter beaucoup de concessions devant les pressions de la Commission. Mais la politique de baisse d'impôts et de *workfare* de la nouvelle coalition italienne allait aussi en grande partie dans le sens néolibéral. La France n'est pas dans cette situation. Son secteur bancaire est plus solide, la confiance des marchés envers elle est beaucoup plus forte, et, s'il faut réduire le déficit rapidement, il est possible de supprimer une partie des baisses de charges ou des 150 milliards d'euros de soutiens divers du budget aux entreprises dont les résultats sont discutables. Bref, même si la pression européenne en faveur des réformes néolibérales est plus forte qu'auparavant, elle n'est nullement incontournable et, surtout, elle ne saurait justifier une contrainte absolue de réformer. C'est là un choix politique interne.

Le seul moyen d'utiliser réellement la contrainte externe européenne pour imposer les réformes serait une crise où le maintien dans l'euro et l'UE serait en jeu… Pour réaliser ce qui a été arraché à l'Italie ou à la Grèce au nom de l'Europe, il faut une crise aiguë. Comme la crise n'est pas là, l'utilisation de la contrainte européenne est destinée à échouer.

Le président de la République a certes tenté, durant sa campagne, de contourner le problème en essayant de « vendre » ses réformes comme un moyen de convaincre l'Allemagne de coopérer davantage et de réformer la zone euro. Son message pouvait être ainsi résumé : « Les Allemands attendent de nous des réformes, ils nous récompenseront si nous les faisons. » Mais cette stratégie de contrainte douce a également échoué ; l'Allemagne, il est vrai, refusant de jouer le jeu[24]. Obtenir l'assentiment aux réformes structurelles par la contrainte de la nécessité économique est une impasse. Alors, comment régler ce face-à-face entre un pouvoir qui souhaite imposer le néolibéralisme à marche forcée et une population qui s'y refuse ?

La tentation de la démocratie autoritaire

Le pouvoir d'Emmanuel Macron se retrouve face à une situation que l'on a souvent rencontrée dans l'histoire de France contemporaine. Pour des raisons politiques, les élites ont préféré une adaptation progressive du pays au paradigme néolibéral. Ces raisons politiques ayant été abolies avec l'élection de Macron, la résistance du pays à sa complète transformation néolibérale ne peut trouver de solutions politiques, ni d'acceptation volontaire ou sous la contrainte. Un tel contexte conduit à une situation où chacun a le sentiment d'être inaudible à l'autre et où la tension monte fortement.

24 Le très réduit « budget de la zone euro » arraché par la France en juin 2019 ne semble qu'une concession formelle qui ne modifie rien au fonctionnement de l'union économique et monétaire. *Cf.* Maxime Vaudano, « Pourquoi le projet de budget de la zone euro est un désaveu pour Emmanuel Macron », *Le Monde*, 17 juin 2019.

Le fanatisme centriste

Avec le mouvement des Gilets jaunes apparu en novembre 2018, la violence s'est installée dans les rues de France. Cette violence, aussi intellectuelle, entretient la violence physique. Le rejet dont fait l'objet le président dans une partie de la population est large et profond ; il conduit à des scènes de violence symbolique à son encontre depuis le début du quinquennat. Les slogans hostiles et souvent pleins de colère le visent directement en tant que représentant de cette volonté de bouleverser le pays. Cette haine, que François Ruffin, député de la France insoumise, met en évidence comme un avertissement à la majorité dès les premiers jours du quinquennat[25], s'est accrue au fil des mesures gouvernementales. Durant les manifestations contre la réforme SNCF, en mai 2018, un mannequin à l'effigie de Macron a été brûlé à Nantes. La volonté d'aller investir l'Élysée lors des premières semaines de manifestations de Gilets jaunes a illustré aussi cette montée des tensions au sein de la société française et le rejet radical de la figure du président.

De son côté, le camp néolibéral également s'est radicalisé. Il a quitté les pages austères des rapports pour entrer dans une surenchère de violence symbolique et verbale qui se traduit par des campagnes violentes de harcèlement et d'injures sur les réseaux sociaux, menées par des comptes anonymes. Ces campagnes, longtemps apanage des partis radicaux de gauche comme de droite, sont désormais parfois organisées par le parti présidentiel[26]. Les centristes

---

25 François RUFFIN, « Lettre ouverte à un président déjà haï », *Le Monde*, 4 mai 2017.

26 Une étude a analysé finement l'utilisation par LREM de comptes anonymes sur Twitter lors de la campagne des européennes. *Cf.* Géraldine LACROIX et Antton ROUGET, « Comment une nébuleuse LREM instrumentalise les réseaux sociaux », Mediapart, 9 avril 2019.

néolibéraux, qui aiment à se présenter comme les amis du consensus, de la modération et de la raison, ont changé de ton – dans les lieux de pouvoir, sur les ondes et les plateaux.

Et plutôt que de réaliser une forme d'« union républicaine », ils versent de l'huile sur le feu, rendant la confrontation toujours plus violente et la tension toujours plus vive entre les partisans de la transformation néolibérale et ceux qui entendent y résister. On comprend bien pourquoi la réalisation d'un arc républicain autour d'Emmanuel Macron est difficile, voire impossible : un tel arc supposerait de trouver des compromis, de reculer sur ce qui semble inacceptable à une partie de la population. Ce serait revenir dans le jeu politicien que Macron a tant fustigé, transiger sur la transformation néolibérale du pays et, selon lui, avec la vérité. La seule union républicaine qu'il propose est l'union derrière l'institution, et rien de plus ; ce qui n'est pas en mesure d'apaiser la situation.

Cette radicalisation ne doit pas surprendre. Les centristes néolibéraux ne sont pas des hésitants entre deux camps, la droite et la gauche, comme pouvaient l'être jadis les libéraux allemands ou même les chrétiens-démocrates français du MRP. Ces centristes rejettent fortement droite et gauche au nom de la « réalité ». On a vu précédemment combien ce centrisme était certain de comprendre la vérité en s'adossant à une synthèse scientifique et en rejetant tout autre point de vue. Eux seuls saisissent le sens de cette réalité et refusent de transiger. Eux seuls sont capables de faire entrer le pays dans cette réalité. Dès lors, il leur est impossible de céder aux injonctions de ce que le président appelait dans ses vœux pour 2019 une « foule haineuse ». Ce refus de céder est d'abord un refus de transiger sur les réformes et leur rythme. Ils se dressent en défenseurs de la « vérité ». Le 30 mars 2019, lors d'un meeting de la liste Renaissance aux européennes, soutenue par Emmanuel Macron, un responsable local de La République en marche (LREM), Jean François-Poncet, déclare avec aplomb qu'« une des valeurs que porte le progressisme, c'est la vérité[27] ». Ce sentiment de certitude et de vérité conduit à une forme de rejet de toute autre voie. Le néolibéralisme a transformé le centrisme en « extrême centre », pour reprendre le très pertinent terme du philosophe canadien Alain Deneault[28].

Dès ses premiers pas en politique, Macron a été le représentant de ce courant. Pour imposer sa politique, lui-même n'a pas hésité à recourir aux ressorts d'une certaine démagogie que certains, parlant d'autres camps que le sien, qualifient de « populiste ». Emmanuel Macron marque un dédain suprême des « corps intermédiaires », syndicats, médias ou partis politiques, en qui il voit les agents de ce qu'il condamne. En février 2018, interpellé par un syndicaliste du site PSA de Mulhouse, Bruno Le Maire réplique en une phrase qui résume cette vision : « Vous faites partie de ces gens qui mènent le pays à la ruine. » Aussi ne peut-on transiger avec de tels opposants. Et, en effet, ce sont ces corps intermédiaires qui font surgir au sein des décisions politiques les sentiments de la population. Et qui garantissent à leur mesure la démocratie. Ce sont donc les véritables ennemis de cette « démocratie encadrée » dont rêvent plutôt les néolibéraux. Dans une « démocratie néolibérale », les contre-pouvoirs sont ceux des « experts », autrement dit ceux qui valident la pensée néolibérale dans des institutions « indépendantes » chargées d'assurer une voie politique qui échappe aux « passions populaires ». C'est tout le contraire des corps intermédiaires qui doivent rendre des comptes à des adhérents, des lecteurs ou des militants et qui mettent le pouvoir face à la volonté de ces derniers.

27 Entretien vidéo réalisé par le journaliste du *Huffington Post* Pierre Tremblay.
28 Alain Deneault, *Politiques de l'extrême centre*, Lux, Montréal, 2016.

Macron n'aime ces corps intermédiaires que lorsqu'ils abondent dans son sens. Ses relations avec eux sont difficiles, y compris avec des syndicats modérés comme la CFDT et l'UNSA, qu'il n'écoute guère, les jugeant « trop faibles ». Mais moins il les prend en compte, plus ils s'affaiblissent évidemment. Pendant des semaines, alors que s'amplifiait la crise des Gilets jaunes, Laurent Bergé, secrétaire général de la CFDT, a réclamé vainement d'être entendu par l'Élysée[29]. Au lendemain de la décision gouvernementale sur l'assurance chômage, la CFDT ne cachait pas sa colère. « Cela faisait cinq ou six ans que je n'avais pas eu autant les nerfs », reconnaissait ainsi ce même Laurent Bergé[30]. Quant aux concertations sur les ordonnances, la réforme de l'assurance chômage ou celle des retraites, elles ne sont que de façade : le cadre des réformes est tracé puisqu'il s'agit de faire « entrer la France dans la réalité ». Ces discussions tournent souvent à vide et court, autour d'un constat d'échec acquis dès le départ.

Quant à ses rapports avec les partis politiques, le président ne se montre guère plus enclin au compromis. Sa stratégie n'est pas de se forger des alliances mais de renforcer son propre mouvement pour affaiblir les autres partis. Ce refus de transiger est la caractéristique d'un positionnement extrême, refusant de mettre en péril par des alliances la pureté de la vérité défendue. La stratégie macroniste est plus une stratégie de transfuge qu'une stratégie de consensus. Ainsi a-t-on vu la majorité présidentielle, après les élections, aller chercher un peu à gauche (avec le falot secrétaire d'État à la fonction publique Olivier Dussopt), beaucoup à droite (avec Frank Riester,

29 Virginie Malingre, « Gilets jaunes : les rendez-vous manqués d'Emmanuel Macron », *Le Monde*, 26 février 2019.

30 Entretien accordé à *Libération* le 20 juin 2019.

ministre de la Culture, et, surtout, Édouard Philippe, Bruno Le Maire et Gérald Darmanin), ainsi que chez les écologistes (avec Pascal Canfin et Pascal Durand, présents sur la liste européenne présidentielle). Il s'agit de renforcer le « centre » néolibéral en vidant les oppositions plus qu'en passant des alliances. Le 31 mai 2019, Gilles Boyer résume cette stratégie en indiquant qu'aux prochaines élections municipales un maire qui ne se fera pas élire avec le soutien de la majorité sera un « ennemi du président en 2022 ». Le terme n'est pas choisi au hasard : il ne s'agit plus de s'allier mais de se rallier. Et celui qui n'est pas avec le président est son ennemi. Car il s'agit bien d'une guerre que mène Emmanuel Macron.

L'exception est le MoDem, parti largement moribond en 2017, avec lequel il a accepté de négocier un ralliement pour éviter la candidature de François Bayrou et une division du bloc néolibéral au premier tour. Mais cette alliance est peu significative dans la mesure où les visions du MoDem et de Macron se recoupent très largement et que le niveau du compromis à accepter pour cette alliance est très faible, puisqu'il se joue surtout au niveau des postes attribués.

Reste les médias : Macron les a durement traités, alors même qu'une grande partie d'entre eux lui était très favorable. La première conférence de presse a eu lieu après presque deux ans d'exercice du pouvoir. Lors de la campagne présidentielle et, plus tard, lors de l'affaire Benalla, il est largement sorti de sa réserve pour attaquer frontalement une presse qui lui semblait défavorable. Au plus fort de cette affaire, en juillet 2017, il a même proclamé que la France avait désormais une « presse qui ne recherche plus la vérité ». Ce mot est très significatif : il trahit la vision d'un pouvoir qui croit tellement incarner la vérité que ses opposants ou ceux qui le mettent en difficulté sont des ennemis de la vérité.

Le rejet des corps intermédiaires traduit une vision radicale où la vérité et la réalité seraient dans un camp et l'erreur et l'utopie dans l'autre. Aucune discussion n'est alors possible avec le camp d'en face. Et si ce camp refuse de se soumettre, ce ne peut être que par ignorance ou par volonté de défendre des rentes contre la volonté générale. Dans les deux cas, les oppositions, politiques, sociales ou médiatiques, doivent être combattues par une dévalorisation radicale. L'arrivée d'Emmanuel Macron au pouvoir s'est donc accompagnée du développement d'un mépris très fort des opposants allant jusqu'à l'usage de l'injure. Le président lui-même a ouvert la voie, multipliant les « petites phrases » contre les « fainéants », les « Gaulois réfractaires à toute réforme » ou encore « Jojo le Gilet jaune ». Ces pratiques se sont diffusées largement au sein des sympathisants et des militants macronistes qui, à l'image de certains de leurs adversaires, ont utilisé les réseaux sociaux pour dénigrer et harceler des opposants.

La vision de l'opposant est souvent la même du point de vue des centristes néolibéraux : il est nationaliste, fascisant, excessif, homophobe, ignare et vulgaire[31]. C'est une vision caricaturale d'un « mauvais peuple » qui s'opposerait à un « bon peuple » obéissant, respectueux des hiérarchies et ouvert sur le monde. D'un côté, « Jojo le Gilet jaune » et, de l'autre, le bon citoyen participant au « Grand débat[32] ». C'est ici la « foule » et là le « peuple ». Ce discours est confirmé dans le propos liminaire de la conférence de

31 Lors de sa conférence de presse du 25 avril, il a ainsi résumé le mouvement qui s'est opposé à lui : « Ce mouvement a ensuite été récupéré, nous l'avons tous vu, par les violences de la société : l'antisémitisme, l'homophobie, les attaques contre les institutions, les journalistes parfois, les forces de l'ordre. » Des termes qu'il avait déjà utilisés le 31 décembre 2018.

32 Ce terme utilisé par Emmanuel Macron dans une discussion avec des journalistes pour caricaturer l'importance donnée aux Gilets jaunes par rapport aux « officiels ». Danièle Sallenave y voit l'exemple parfait du mépris et du

presse du 25 avril 2019. De même, il a été utilisé dès le début du quinquennat, lorsque la popularité du président n'a cessé de tomber à mesure qu'il engageait ses réformes ; beaucoup utilisaient l'argument de l'« inculture économique » pour expliquer le manque d'enthousiasme de la population envers le chef de l'État : « Les Français ne comprennent absolument rien aux raisonnements qui structurent ses réformes », proclamait ainsi dans *Les Échos* l'éditorialiste Éric Le Boucher[33], ancien membre de la commission Attali. C'est le discours habituel de la bourgeoisie française, celle qui a fait justifier la haine de la Commune à Gustave Flaubert lorsque, dans une lettre à George Sand, il écrivait : « Le peuple est un éternel mineur [...] et le plus pressé est d'instruire les riches qui, en somme, sont les plus forts. » Comment parler avec des incultes qui ne comprennent rien et ne veulent rien comprendre ? Le dialogue est impossible et, du reste, il n'est pas voulu : il ne s'agit pas de dialoguer mais de convaincre pour obtenir un consentement entier. C'est bien pour cette raison que, durant le « Grand débat », le président de la République n'a pas discuté avec les Français, mais il leur a « répondu », pour les convaincre de la rationalité et de la vérité de son point de vue. Et n'a cessé de marteler cette certitude qui est en lui depuis la campagne présidentielle et qui est profondément néolibérale : toutes les paroles ne se valent pas. Cette phrase, prononcée dans son meeting du 1er mai 2017, a été confirmée lors du « Grand débat » avec les intellectuels le 18 mars 2019[34] : le monde se divise entre sachants et non-

---

discrédit des élites envers les classes populaires : Danièle SALLENAVE, *Jojo, le Gilet jaune*, Gallimard, coll. « Tracts », Paris, 2019.

33 Éric LE BOUCHER, « Macron face à l'inculture économique des Français », *Les Échos*, 2 novembre 2017.

34 Le 18 mars 2019, Emmanuel Macron a déclaré : « Ce qu'on m'a reproché parfois comme étant de la verticalité, c'était simplement de reconnaître que

sachants ; les seconds doivent se soumettre aux premiers, démocratie ou pas.

Face à la crise des Gilets jaunes, cette tendance à rejeter l'adversaire dans une caricature repoussante a franchi des limites. Toute occasion est désormais bonne pour réduire l'opposition, incarnée par les Gilets jaunes, à cette « foule haineuse ». Les Gilets jaunes sont le réceptacle de tous les maux de la terre : climatosceptiques, violents, crétins, et surtout racistes et antisémites. Les débordements antisémites de plusieurs manifestants ont ainsi conduit à un phénomène de *reductio ad Hitlerum* de l'ensemble du mouvement et, même, de l'opposition, sous la plume de Bernard-Henri Lévy[35]. C'est un argument en déconnexion complète avec les revendications exprimées chaque samedi, lesquelles sont principalement économiques et sociales et très rarement identitaires ou racistes[36], même si une partie des Gilets jaunes peut se reconnaître dans un vote d'extrême droite qui est défini par Emmanuel Macron comme son principal adversaire.

La position des centristes est beaucoup moins complexe que la réalité ; toute opposition devient par nature fascisante sous le coup d'un syllogisme limpide : Emmanuel Macron a battu Marine Le Pen, ceux qui s'opposent à Emmanuel Macron sont donc des partisans de Marine Le Pen. Mais ce raccourci oublie évidemment le contexte de cette élection et, depuis, l'impossibilité de trouver une issue démocratique à l'opposition aux réformes. Sans doute

---

tout ne se valait pas, et toutes les paroles ne se valent pas à tout moment, sur tout sujet ; quand bien même elle peut être respectueuse et considérer la part d'humanité absolue qu'il y a dans l'autre à qui on parle. » L'humanité permet de faire l'économie de la prise en compte de la parole de l'autre.

35 Bernard-Henri Lévy, « Qui sont les amis des Gilets jaunes ? », *Le Point*, 31 mars 2019.

36 Collectif Quantité critique, « Gilets jaunes : à qui va profiter le mouvement ? », Mediapart, 19 avril 2019.

cette impossibilité tient-elle aux opposants eux-mêmes qui ne sont pas d'accord sur l'alternative. Mais cette impossibilité qui infirme l'aspect uniformément fascisant de cette opposition ne saurait dissimuler le caractère fondamentalement minoritaire du néolibéralisme en France.

Progressivement la base sociale du macronisme se précise, autour d'une partie de la population capable de s'identifier avec les buts du néolibéralisme, autrement dit de la défense du capital face au travail. Les élections européennes de mai 2019, premier scrutin depuis l'élection de la nouvelle majorité, confirment cette clarification : l'électorat macroniste a perdu une partie de sa composante de centre gauche mais a gagné largement à droite auprès de la composante pro-néolibérale de l'électorat Fillon, comme le prouve le succès des macronistes dans l'Ouest parisien, par exemple. La base électorale est sensiblement du même ordre : 10 % des inscrits, mais est beaucoup plus homogène socialement.

Cette base sociale, ce sont les élites qui ont fait « sécession[37] » des autres couches sociales, s'enfermant dans des pratiques sociales et dans un monde où les contacts sont de moins en moins possibles et souhaités avec le reste de la population. Cet enfermement d'une bourgeoisie intellectuelle sûre d'elle-même, qui se voit confirmée dans sa conviction d'avoir raison par son isolement même, est le moteur du succès politique de Macron, mais aussi de la radicalisation de sa politique et, enfin, de la vision caricaturale et apeurée du peuple surgissant sous le gilet jaune. Significativement, le moment de cette « sécession » correspond à l'avènement du néolibéralisme en France, autrement dit à cette pensée radicale porteuse de l'idée que le

---

37 Cette réalité a été documentée par Jérôme FOURQUET dans une note réalisée pour la Fondation Jean-Jaurès en février 2018, « 1985-2017 : quand les classes favorisées ont fait sécession ». Il l'a développée dans : *L'Archipel français*, Le Seuil, Paris, 2019.

capital et la richesse représentent le camp de la raison. Le néolibéralisme courant a renforcé l'esprit de classe, l'unité sociale autour de la défense du capital. Dans la guerre sociale qui est menée, c'est l'identité de cette classe, son existence même qui est en jeu. C'est aussi son échec : celui de n'avoir pu rallier à ses intérêts la masse de la population, comme l'avait fait jadis la *Bildungsbürgertum* allemande autour du choc de l'hyperinflation. Mais c'est que l'histoire française est différente, marquée par la violence de la lutte sociale, ce qui rend impossible une large union derrière les intérêts du capital. C'est à la fois cette impuissance et cette radicalisation des positions sociales que traduit la violence des réactions au mouvement des Gilets jaunes.

Les institutions démocratiques deviennent le paravent de la défense d'un néolibéralisme aux abois, retranché derrière un bloc social qui ne l'est pas moins. La République est mise, par les défenseurs du pouvoir, en équivalent avec une autorité qui s'emploie à briser les équilibres créés par la République depuis moins d'un siècle. La défense de la démocratie est avancée pour protéger un paradigme néolibéral qui s'échine à réduire son champ d'application dans les domaines économique et social. Mais, si ces arguments ne portent guère, c'est parce que République et démocratie deviennent, dans le contexte de progression du néolibéralisme, des institutions inopérantes. Dès lors, il ne s'agit plus que de défendre l'ordre, et en particulier l'ordre économique. Dans le contexte de guerre sociale qui se développe, la défense de l'ordre est avant tout celle des réformes néolibérales au profit du capital.

La radicalisation de l'« extrême centre » évoque le retour aux réflexes traditionnels de la bourgeoisie française du XIXe siècle, à commencer par les thermidoriens de la Révolution française. Au nom de la défense de l'ordre économique et social, dont ils étaient les bénéficiaires après la première période révolutionnaire (1789-1791), ces derniers s'opposent à la fois à ceux qui, à gauche, souhaitent renforcer le pouvoir du monde du travail et à ceux qui, à droite, veulent le retour de l'Ancien Régime. La Convention thermidorienne et le Directoire instaurent un régime où, sous les apparences représentatives et l'instauration d'un État de droit, l'État est utilisé au profit d'une classe : la bourgeoisie. Les opposants à la République deviennent alors des monstres, des opposants à la Révolution et aux droits de l'homme. L'ordre légal était bourgeois, et qui s'y opposait ne pouvait le faire qu'hors de cet ordre ; et donc devait être écrasé. C'est ce qui s'est passé par deux fois : lors de l'insurrection populaire du 1er prairial an III (20 mai 1793), où le peuple de Paris réclame du pain et une lutte contre la spéculation des grains par le retour du « maximum » ; et le 13 vendémiaire an III (5 octobre 1795), où les quartiers royalistes parisiens tentent de s'emparer de la Convention et sont écrasés par les canons du jeune Bonaparte devant les marches de l'église Saint-Roch.

Certes, le suffrage censitaire ne dissimulait pas alors le caractère de classe de l'État. Mais ce mode de scrutin s'appuie sur une justification sociale : celle qui fait de la richesse (qui s'appuie principalement sur la propriété foncière), donc du succès économique, une « vertu politique ». Selon Boissy d'Anglas, un des rédacteurs de la Constitution de 1795, les propriétaires « sont attachés au pays qui la contient, aux lois qui la protègent, à la tranquillité qui la conserve, et doivent à cette propriété et à l'aisance qu'elle donne l'éducation qui les a rendus propres à discuter avec sagacité et justesse les avantages et les inconvénients des lois qui fixent le sort de leur patrie[38] ». L'identité est construite entre le succès

38 Cité dans Marc BELISSA et Yannick BOSC, *Le Directoire : la République, sans la démocratie*, La Fabrique, Paris, 2018, p. 39.

économique, l'accès à la raison et le pouvoir politique. Le rêve du régime bourgeois qui déterminera la France du XIXe siècle se construit sur ce « centre », qui ressemble étonnamment au macronisme : la sagesse réside dans la prospérité du capital, et ceux qui refusent cette vérité ne sont guère dignes d'entrer dans le débat public. En 1831, critiqué sur sa répression de la révolte des canuts, Casimir Perrier, Premier ministre autoritaire de Louis-Philippe et célèbre banquier, justifie les mesures par le fait que les insurgés se sont armés contre « la liberté du commerce et de l'industrie ». Ce qui, pour lui, revient à une attaque contre la société. « La société ne peut se laisser menacer impunément », déclare-t-il devant la Chambre des députés le 26 décembre 1831. En 1832, 1833 et 1834, ce régime écrasera dans le sang les révoltes ouvrières de Paris et Lyon.

L'instauration du suffrage universel en 1848 ne change fondamentalement rien à cette situation. Le pouvoir reste dans les mains de la bourgeoisie, et c'est une condition de l'octroi de ce suffrage. Adolphe Thiers le résumera plus tard par cette phrase : « La République sera conservatrice ou ne sera pas. » Pour assurer ce pouvoir et passer l'envie au monde du travail de le contester, on a recours à la force la plus brutale, en juin 1848 et mai 1871. Ces usages de méthodes violentes ont toujours été justifiés par une forme d'équivalence entre les ennemis sociaux de la bourgeoisie et des barbares à demi humains. La « foule haineuse » d'Emmanuel Macron répond très exactement à la « vile multitude » d'Adolphe Thiers. Dans son discours prononcé à l'Assemblée en 1850, ce dernier faisait la nuance entre cette multitude « qui égorge à Paris, verse le sang, incendie les palais et les statues » et « le peuple, le vrai peuple » qui « souffre, travaille et paie vos fautes, vous qui vous en réclamez ses amis »[39]. Cette rhéto-

39 Discours à l'Assemblée nationale, le 24 mai 1850.

rique fondée sur « le bon et le mauvais peuple » a largement été employée par la majorité présidentielle devant les Gilets jaunes : d'un côté, la minorité de « casseurs » et, de l'autre, un peuple souffrant de ces dégradations, dont l'impact est souvent surestimé pour effrayer les « braves gens[40] ».

Au XIXe siècle, il y avait bonne conscience à tirer sur ces ennemis de l'intérieur parce qu'ils réclamaient un pouvoir qui ne leur était pas dû en raison de ce qu'ils étaient. Dans le bourgeois sage, sûr que ses intérêts sont ceux de l'intérêt général, cette bonne conscience justifie les pires actions. Rien n'en a mieux rendu compte que la description du père Roque, en juin 1848, dans *L'Éducation sentimentale*, de Gustave Flaubert, alors moins sauvagement hostile aux masses, où l'on voit ce bon bourgeois de province mobilisé dans la garde nationale tirer sur un insurgé prisonnier aux Tuileries. « Au moins, là, il les avait sous lui, ces brigands ! Il jouissait de leur défaite, de leur abjection, et ne pouvait se retenir de les invectiver. » Puis, une fois le coup donné, il rentre chez lui, dans un logement dévasté par l'insurrection. « Les dommages causés par l'émeute à la devanture de son immeuble n'avaient pas contribué médiocrement à le rendre furieux. Il lui sembla, en la revoyant, qu'il s'était exagéré le mal. Son action de tout à l'heure l'apaisait, comme une indemnité. »

Comment, à la lecture de ces pages, ne pas songer à l'hystérie collective qui s'est emparée du gouvernement et de ses défenseurs lorsque, par exemple, les manifestants ont brûlé le restaurant Fouquet's, sur les Champs-Élysées à Paris, le 16 mars 2019 ? Comme alors, l'attaque aux biens et la remise en cause de l'ordre économique semblaient

40 Début décembre, Bruno Le Maire estimait que le mouvement des Gilets jaunes était une « catastrophe » pour l'économie française. Son impact a finalement été estimé à un 0,1 point de PIB en moins, et la croissance française n'a pas faibli à l'automne et à l'hiver 2018-2019.

justifier toutes les sévérités, y compris le recours à l'armée. Deux jours plus tard, lors de son débat avec les intellectuels, Emmanuel Macron parle de « terribles événements » mettant en cause les institutions. La veille, il accusait les incendiaires du Fouquet's, restaurant privé, « d'abîmer la République pour casser, pour détruire au risque de tuer ».

Cette fureur ne rappelle-t-elle pas celle du père Roque ? Il y a là un réflexe de classe, un rejet profond qui justifie tout. Dans sa réponse à la lettre de Flaubert citée plus haut, George Sand affirmait que, devant la Commune, sa « volonté » et son « raisonnement » étaient en lutte « contre une impression profonde, insurmontable quant à présent »[41]. C'est cela sans doute, le fanatisme centriste : devant l'atteinte aux biens, tout s'efface. Et ne reste que la violence. Dans une autre lettre, la retraitée de Nohant ne le cache pas : elle admire l'homme des campagnes qui « du moins a l'amour *féroce* de la propriété » et « dès qu'il voit un passant de mauvaise mine » est « prêt à tomber dessus »[42].

La démocratie existe en France, bien sûr. Comme elle existait formellement en juin 1848 et même en mars 1871. Mais, comme alors, elle est, dans sa forme, dans sa pratique, incapable de résoudre les conflits sociaux. Le caractère de classe de l'État, le paroxysme des positions et une situation politique inextricable conduisent à devoir régler le conflit par une autre voie. Celle de la violence et de l'autoritarisme s'imposerait. C'est donc sur cette voie que la démocratie française s'est engagée en cette année 2019.

---

41 George Sand, *Lettre d'une vie*, « Lettre 389 du 28 avril 1871 », Gallimard, coll. « Folio classique », Paris, 2004, p. 1150.

42 *Ibid.*, « Lettre 390 du 15 mai 1871 », p. 1152.

Le recours à l'autorité

Le président est dans l'impasse. La contestation sociale ou la révolte des Gilets jaunes ont beau être le fait de minorités agissantes, elles ne font que mettre en relief la réalité que son projet est minoritaire en France. Que le modèle suivi jusqu'ici par la France n'était pas tant le fait d'une classe politique rentière que d'une réalité sociale et historique. Il lui faut donc, pour tenter son pari de la transformation culturelle de la France, passer en force. Pour cela, il recourt à l'autoritarisme.

Qu'entend-on par là ? Non pas un pouvoir qui serait dénué de légalité démocratique, mais un pouvoir qui, manquant de force par cette seule légalité pour imposer sa volonté, a recours à des excès d'autorité, autrement dit utilise l'ensemble des forces que cette légalité lui donne pour briser les oppositions. Le terme autoritaire apparaît en français en 1865, sous le Second Empire, cette forme de néolibéralisme français avant la lettre, exactement entre les deux accès de violence de la bourgeoisie. La démocratie autoritaire est celle de Cavaignac en 1848 et d'Adolphe Thiers en 1871 : c'est celle qui utilise toute l'étendue de sa capacité législative pour réprimer les oppositions. C'est en quelque sorte un abus d'autorité sanctionné par la loi et donc parfaitement légal. Évidemment, cet autoritarisme n'est pas le même aujourd'hui qu'au milieu du XIXe siècle – et c'est heureux. On ne tue pas aussi facilement aujourd'hui que jadis. La violence est d'une autre nature. Il n'empêche : le quinquennat actuel sanctionne une forme indiscutable de durcissement qui traduit un recul de l'esprit des lois parce que, comme jadis, l'État a changé de position dans la lutte entre le capital et le travail.

Car, si l'on ne fait pas tirer sur la foule, la répression à l'encontre du mouvement social et des manifestations est particulièrement sévère. Dans la montée de guerre sociale en France, le gouvernement choisit clairement la confrontation, poursuivant en l'accélérant la méthode inaugurée par Manuel Valls lors des manifestations hostiles à la loi El-Khomri. Les techniques de gestion des manifestations conduisent à des affrontements qui ont largement permis de justifier une répression souvent aveugle, créant progressivement une solidarité entre manifestants et individus plus violents. Dès lors, tout manifestant devient un ennemi. Le ministre de l'Intérieur Christophe Castaner peut alors considérer, le 11 janvier 2019, que « ceux qui manifestent là où il y a de la casse annoncée seront complices ».

Une stratégie qui, *in fine*, justifie l'usage de la force préventive : interpellation de personnes en amont avant même leur participation à une quelconque manifestation, lancement de gaz lacrymogènes et charges *avant* les débordements. Ce qui revient à criminaliser de fait les manifestations. On assiste progressivement à des actions violentes préventives ou provocatrices des forces de l'ordre contre des manifestations plutôt calmes. L'agression à Nice de Geneviève Legay, militante d'Attac de soixante-treize ans, bousculée et piétinée par des CRS lors d'une manifestation calme mais « interdite », est le symbole de cette nouvelle stratégie. Malgré l'évidence, les autorités ont nié, prétendant que la violence officielle répondait toujours à la violence des manifestants. « Je ne connais pas de policier qui ait attaqué des manifestants », a proclamé le ministre de l'Intérieur, le 14 janvier 2019. Le 7 mars, Emmanuel Macron interdit à un interlocuteur de parler de « violence policière » : le phénomène est le même, il s'agit d'identifier l'opposition à la violence et de couvrir le recours à la force de la répression, quoi qu'il arrive.

La violence des forces de l'ordre est pourtant particulièrement marquée depuis le début de la crise des Gilets jaunes. Les lanceurs de balles de défense (LBD), l'usage de grenades de désencerclement GLI-F4, le retour des voltigeurs, ces escadrons légers motorisés interdits après la mort de Malik Oussekine en 1986, et les charges violentes dans la masse des manifestants ont conduit à de multiples mutilations de manifestants. Le journaliste David Dufresne en a réalisé le bilan au fil des semaines de manifestations. En six mois de mouvement, il a décompté près de 800 signalements de violences policières, dont 287 donnant lieu à des blessures à la tête. Mais on relève aussi des blessures très graves : 24 cas de perte d'œil et 5 mains arrachées. Une femme, Zineb Redouane, a même péri à Marseille le 8 décembre 2018, tandis qu'elle fermait ses volets, touchée par une grenade lacrymogène en pleine tête.

Certes, on n'a pas tiré à balles réelles sur la foule, mais le niveau de la violence d'État contre des opposants est inédit depuis des décennies. Des experts de l'ONU l'ont confirmé en février. Selon eux, « les restrictions imposées aux droits ont également entraîné un nombre élevé d'interpellations et de gardes à vue, des fouilles et confiscations de matériel de manifestants, ainsi que des blessures graves causées par un usage disproportionné d'armes dites non létales telles que les grenades et les lanceurs de balles de défense ou flashballs ». Les Nations unies ont estimé à 1 700 le nombre de blessés entre novembre 2018 et février 2019.

Il y a ici clairement un durcissement du pouvoir. Car les forces de l'ordre ne sont pas autonomes. Si elles sont violentes, c'est que cette violence traduit une réponse de l'État qui, après le 1er décembre, a laissé une très large liberté d'action à la police antiémeute. Il existe d'autres doctrines de maintien de l'ordre en Europe, notamment celles visant à isoler les éléments violents ou à réduire toutes les possibilités de contact entre la masse des manifestants et la police antiémeute. Le choix français depuis 2016, et encore plus depuis 2018, est au contraire d'effrayer le manifestant par une répression violente. L'objectif est de rendre les manifestations dangereuses pour dissuader les mécontents et les opposants de descendre dans les rues, et réduire la visibilité de l'opposition. Les manifestations des Gilets jaunes ne sont, ici, pas les seules concernées. Les violences du 1er mai 2019 le prouvent. Et, de fait, l'image devenue un symbole du pouvoir d'Emmanuel Macron est celle de ces 150 jeunes lycéens de Mantes-la-Jolie, accroupis et mains sur la tête, entourés de policiers patrouillant, les provoquant et se moquant d'eux. Des images de guerre.

C'est aussi à l'aune de cet objectif de dissuasion que doit se comprendre le durcissement de la législation, avec notamment la loi « anticasseurs » de 2019, en partie censurée par le Conseil constitutionnel, qui facilite les contrôles de manifestants, les interdictions de manifester et la répression des manifestants. Mais la pratique judiciaire est aussi une forme de répression. Alors que les mises en cause de policiers pour violence traînent en longueur et bénéficient de la bienveillance du parquet[43], les condamnations de manifestants se font à grande vitesse. Le 12 février, après moins de trois mois de manifestations, Édouard Philippe se vante devant l'Assemblée nationale de répertorier 1 796 condamnations dont 1 300 en comparutions immédiates et 1 422 personnes en attente de jugement. Les récits des jugements de comparaison immédiate font l'effet d'une justice plus ou moins automatique où les procureurs chargent les personnes arrêtées sur la seule preuve de

43 En mai 2019, un CRS a été renvoyé aux assises pour un cas d'éborgnement par LBD d'un syndicaliste durant les manifestations contre la loi El-Khomri, en septembre 2016. Le parquet avait requis un renvoi en correctionnelle, considérant que la perte d'un œil n'était pas une « infirmité permanente ». *Cf.* Ismaël Halissat, « Syndicaliste éborgné en 2016 : un CRS renvoyé aux assises », *Libération*, 21 mai 2019.

témoignages de policiers et où le tribunal suit la plupart du temps cette conviction avec des condamnations très lourdes au regard des faits commis, des antécédents judiciaires et des preuves présentées.

Le point d'orgue de ce durcissement autoritaire est atteint durant la semaine qui a suivi l'incendie du Fouquet's, où il est brièvement question d'intégrer l'armée dans le dispositif de maintien de l'ordre. Cette tentation est réelle. Elle est affirmée à l'issue du Conseil des ministres par le porte-parole du gouvernement, Benjamin Griveaux, avant que, devant les mises en garde de l'état-major, le gouvernement ne fasse en partie machine arrière. L'idée a déjà été évoquée par Luc Ferry, un ancien ministre de Nicolas Sarkozy, au début du mois de janvier : « On a la quatrième armée du monde, elle est capable de mettre fin à ces saloperies », a-t-il alors déclaré dans un style rappelant la rage des intellectuels contre la Commune de Paris.

La reprise de cette idée par le gouvernement marque une rupture fondamentale avec la doctrine du maintien de l'ordre de l'après-guerre. Dès lors que l'État n'était plus acteur dans la lutte de classes, il n'y avait plus d'« ennemis de l'intérieur ». L'armée, qui représente la défense de la nation, se devait donc de rester absolument neutre dans le domaine des luttes sociales. L'intégrer, même de façon lointaine, à un dispositif de maintien de l'ordre, c'est confirmer le passage de l'État dans un camp de la lutte sociale[44]. Franchir ce pas, c'est revenir à l'État de Boissy d'Anglas et de Thiers. Et il faut en convenir : la France n'a pas connu une telle répression du mouvement social depuis des décennies. Le changement est quantitatif mais aussi qualitatif : la répression est plus massive, et elle est plus dure.

44 Romaric GODIN, « L'appel aux troupes ou le retour de la guerre sociale », Mediapart, 21 mars 2019.

L'autoritarisme du pouvoir macroniste prend toutefois de multiples formes. Une des plus fréquentes concerne les pressions exercées sur les journalistes. Avec sa loi « fake news », le gouvernement, au nom de la protection de la « vérité », permet une forme de censure préventive d'informations pouvant se révéler par la suite vraies. Cette volonté acharnée de combattre les fausses nouvelles, qui s'est à nouveau manifestée durant la campagne européenne, est symptomatique d'un pouvoir persuadé d'être du côté du bien et déterminé à utiliser la coercition légale pour imposer ses vues. Implicitement, cette position rejette d'emblée ses contradicteurs dans le terrain de l'infamie. Elle permet aussi de faire oublier que, parfois, c'est bien le gouvernement qui est à l'origine de ces « infox », comme lors de l'attaque supposée de l'hôpital de la Pitié-Salpêtrière par des manifestants le 1er mai 2019, alors que ces derniers cherchaient à se protéger des charges de police. De façon globale, Emmanuel Macron ne renonce pas à mentir lorsqu'il en a besoin : sur l'affaire Benalla, les manifestations de Gilets jaunes, le niveau du chômage (il prétend sans cesse que la France est « le seul grand pays à ne pas avoir vaincu le chômage de masse », alors que son taux de chômage est inférieur à celui de l'Italie et de l'Espagne, ce qui n'était pas le cas avant la crise) ou l'indemnisation de ce même chômage[45].

Avec la loi sur le secret des affaires et des dispositions de la loi Pacte, qui réduisent la possibilité d'informer les citoyens sur les actions des entreprises[46], il verrouille l'information économique, empêchant la révélation de faits gênants pour les entreprises. Le journal *Le Monde* a pu en faire l'expérience dès le mois de novembre 2018 en n'ayant

45 Michaël Hadjenberg, « Emmanuel Macron, roi des fake news », Mediapart, 9 avril 2019.

46 Romaric Godin, « Nouvelle offensive contre l'information économique », Mediapart, 16 mars 2019.

pas accès, au nom du secret des affaires, à des documents administratifs dans le cadre des Implants Files, un scandale sanitaire lié aux implants mammaires[47].

Les journalistes n'ont, au reste, pas été épargnés par la répression du mouvement des Gilets jaunes. Les violences des forces de l'ordre à l'encontre de la presse ont été régulières, et l'arrestation pendant près de quarante-huit heures du journaliste Gaspard Glanz, le 20 avril, puis son interdiction de participer aux manifestations parisiennes (ensuite levée par la justice) pour un geste injurieux, est le symbole de cette répression.

Mais le principal axe de cette offensive contre la presse a été palpable dans l'affaire Benalla, une affaire potentiellement explosive pour le pouvoir exécutif et ses pratiques. La découverte, en juillet 2018, qu'un proche collaborateur du président de la République, Alexandre Benalla, avait participé à la répression policière du 1er mai précédent a créé un choc dans le pays. Les tentatives du pouvoir de minimiser l'affaire ont échoué, en partie grâce aux révélations de la presse, de Mediapart et du *Monde* en particulier. La fébrilité – et la tentation autoritaire – de l'Élysée dans ce cas s'est révélée dans le lien avec le Parlement. Après avoir fait échouer la commission d'enquête parlementaire sur cette affaire par son refus d'interroger les membres du cabinet de l'Élysée, la majorité a condamné la décision du Sénat de transmettre les conclusions de sa propre commission d'enquête à la justice. On a vu, du reste, que cette majorité n'écoute personne, que les « concertations » sont toujours de forme.

En juillet 2018, le président déclarait que, en France, « la presse ne cherche plus la vérité ». À plusieurs reprises, des pressions ont été effectuées sur des journalistes ayant

47 Maxime VAUDANO, « Implants : *Le Monde* attaque en justice le manque de transparence des autorités », *Le Monde*, 28 novembre 2018.

travaillé sur cette affaire. Le 4 février 2019, une tentative ratée de perquisition de Mediapart a été menée au siège du journal avec l'intention évidente d'avoir recours aux sources des journalistes. Le 21 mai suivant, la journaliste Ariane Chemin, du *Monde*, était convoquée par la Direction générale de la sécurité intérieure (DGSI) pour ses articles sur l'affaire Benalla. Cette convocation, exceptionnelle pour une journaliste, n'est pas isolée : huit journalistes en tout ont été convoqués, dont ceux du média d'investigation *Disclose* et Benoît Collombat, de Radio France, pour des révélations sur les ventes d'armes françaises au Yémen. La liberté de la presse semble de plus en plus contrainte en France.

Des pratiques du même genre ont lieu dans l'administration où le recours à la rupture conventionnelle, désormais ouvert par la loi de réforme de l'État, ne manquera pas de faire pression sur les fonctionnaires. Emmanuel Macron entend se donner les moyens de remplacer les hauts fonctionnaires qui ne sont pas assez loyaux, ce qu'il appelle un *spoil system* à la française, inspiré de la pratique états-unienne mais contraire à la tradition républicaine française d'une administration indépendante et neutre. Mais, pour le chef de l'État, cette tradition « freine les réformes ». Si les agents de l'État n'acceptent pas la politique gouvernementale, alors il faut les changer. L'État n'est plus neutre : il a choisi le camp du capital, et de telles pratiques sont logiques et placent l'administration dans une position politique qui est le propre du néolibéralisme. Cet adieu à la neutralité de l'État peut descendre plus bas dans la hiérarchie administrative. Ainsi, d'ores et déjà, dans l'Éducation nationale, de nombreux professeurs mobilisés contre la loi Blanquer ont, au printemps 2019, dénoncé des « tentatives d'intimidation » de leur hiérarchie[48]. L'article 1

48 Marie Piquemal, « Des professeurs mobilisés contre la réforme du lycée dénoncent des tentatives d'intimidation », *Libération*, 10 avril 2019.

de cette loi prévoit, du reste, l'obligation pour les enseignants de ne pas « dénigrer l'institution scolaire », et donc son ministre. Des courriers demandant la retenue sur les réseaux sociaux avaient déjà été envoyés en avril et mai à plusieurs agents[49].

Enfin, l'autoritarisme du pouvoir actuel est institutionnel. Il se révèle dans un mépris particulièrement marqué du Parlement, même au regard des standards très dégradés à ce niveau de la Ve République. Le recours extrêmement fréquent à la pratique des ordonnances qui transfère *de facto* la réalité du pouvoir législatif à l'exécutif en est un signe qui ne saurait tromper. Derrière l'argument de « faire vite » et d'« être efficace », il y a le refus de voir les projets de loi être l'objet d'une discussion de fond sur le détail des dispositions. La très importante réforme du marché du travail en 2017 a ainsi fait l'objet d'ordonnances que l'on retrouve également dans plusieurs dispositions de la loi Pacte de 2018 et jusque dans la loi sur la restauration de Notre-Dame… Dans les faits, la majorité n'a jamais été aussi monolithique à l'Assemblée nationale, les oppositions internes sont inexistantes, ce qui rend le rôle du Parlement presque caduc.

Si, après la crise des Gilets jaunes, le projet de réforme constitutionnelle a été expurgé des éléments qui réduisaient encore le rôle du Parlement, notamment les procédures accélérées de vote des deux lois budgétaires, la réforme du règlement de l'Assemblée nationale menée en parallèle a repris plusieurs éléments de ce projet. Il sera désormais beaucoup plus difficile pour l'opposition de s'exprimer à l'Assemblée librement, le temps de parole étant fortement limité. Par ailleurs, ce nouveau règlement reprend

49 Nolwenn WEILER, « Liberté d'expression : l'Éducation nationale multiplie les pressions sur les professeurs », Bastamag, 16 mai 2019.

la possibilité d'adopter une loi ou une partie d'une loi en commission, rendant le débat moins visible. Ces éléments peuvent apparaître comme des détails mais, dans un régime comme la Ve République, où l'opposition n'existe peu ou pas, la tribune de l'Assemblée est un des rares lieux où elle peut s'exprimer sur des sujets de fond et défendre des solutions alternatives. Tout se passe comme si le pouvoir cherchait à faire encore davantage de l'Assemblée nationale une chambre d'enregistrement pure et simple des volontés présidentielles et de limiter le plus possible la discussion et donc l'écoute de ce que les oppositions, qui représentent actuellement près de 70 % des électeurs au premier tour des législatives de 2017, ont à dire. Cette volonté de se boucher les oreilles se retrouve dans la volte-face sur la question du référendum d'initiative partagée (RIP) dont Emmanuel Macron proposait, le 25 avril 2019, la facilitation. Mais les lois votées depuis trois ans, ou en discussion, ne pourront être soumises à un tel référendum. C'est un moyen d'empêcher cette procédure – et donc l'opposition – de gêner les mesures de réformes structurelles. Rien, et surtout pas les procédures démocratiques, ne doit freiner une politique inspirée par la vérité. L'autoritarisme prend ici sa forme la plus évidente : renforcer la fiction du pays politique pour continuer à avancer, coûte que coûte, fût-ce contre le pays lui-même.

Dans une France qui refuse le saut dans le néolibéralisme unilatéral, le recours à un pouvoir fort et personnalisé à l'extrême s'impose. L'épisode du « Grand débat », où la parole présidentielle a été largement mise en scène, confirme ce fait. C'est aussi un aspect de l'autoritarisme, ce président tout-puissant et omniscient, capable de répondre ou plutôt de faire la leçon à une centaine d'intellectuels pendant huit heures. Une forme d'héroïsation est en cours où, face aux forces du chaos, le président défendrait l'intérêt général.

Il aime à prétendre qu'il défend « ce qui nous dépasse », « ce qui fait la France », contre les « passions tristes » d'une populace qui ne s'inquiéterait que de choses futiles. C'est une stratégie classique : devant le refus des transformations en faveur du capital, on tente de réduire la résistance à une futilité et de la détourner vers un but supérieur. La grandeur de la nation devient un détournement pour éviter de voir l'enjeu de la transformation en cours : la soumission des intérêts du travail à ceux du capital. Ce détournement est une stratégie fréquente en cette fin de décennie 2010 : Emmanuel Macron l'utilise au nom d'une grande nation dans une grande Europe, quand les nationalistes s'arrêtent à la nation. Mais la promesse est la même : il vous faut absolument arrêter votre regard et vos efforts sur un autre objet que le combat entre le travail et le capital. Et donc, partant, accepter le prix de cet « effort qui nous dépasse » : l'acceptation d'une autorité capable de la porter. C'est une logique qui est aussi à l'œuvre dans ce qu'on appelle les « démocraties illibérales » comme la Hongrie, la Pologne, la Turquie, qui portent fort mal leur nom car elles sont fort néolibérales dans les faits, le pouvoir renforcé y agissant au service du capital national. Progressivement, la pratique du pouvoir d'Emmanuel Macron se rapproche de ce modèle ; le néolibéralisme malade et le pouvoir personnel semblent fusionner : ce président se rêve en monarque capable de faire renaître une France grâce aux réformes. Et, pour cela, il entend ne s'inquiéter d'aucun contre-pouvoir.

Dans ses mains, la Constitution de la Vᵉ République est un instrument de pouvoir démesuré. Mais tout ceci ressemble à une fuite en avant. Car ni les grandes phrases alambiquées sur « l'art d'être français » ni la répression des oppositions ne seront suffisantes pour faire accepter au pays un néolibéralisme qui le ramène dans un enfer qu'il a voulu oublier, celui de l'État au service du capital. Bien au contraire, cet autoritarisme destiné à permettre la réalisation de la conversion néolibérale de la société française ne fait qu'aggraver les tensions. Certes, la démocratie demeure, mais elle est incapable de régler la question centrale de la transformation néolibérale de la France. Ne reste alors que le face-à-face où l'autoritarisme d'un pouvoir aveuglé par son idéologie entretient l'affrontement.

Conclusion

Le néolibéralisme est en crise ouverte. Son modèle vacille mais il n'est pas mort, loin de là. Aucun paradigme ne vient le concurrencer directement ; sa culture est largement établie dans une grande partie du monde. Simplement, il n'est plus en mesure de tenir ses promesses. La mondialisation des échanges et des capitaux n'a pas fait que des gagnants, et les perdants, désormais, réclament des comptes. Le modèle d'innovations vertueuses encouragées par la libre concurrence régulée n'a pas prouvé sa capacité à prendre au sérieux le changement climatique. L'affaire des trucages des émissions polluantes de Volkswagen a montré combien le verdissement du néolibéralisme avait surtout pour fonction de sauver ce dernier. En guise de justice sociale, on a davantage un creusement des inégalités et une précarisation de l'emploi par les phénomènes d'uberisation.

Dans ce contexte, il est vital pour ce courant de continuer à garantir l'idée qu'il n'existe pas d'autres gestions possibles du capitalisme et même, plus généralement, de la société. Mais, pour convaincre les populations de ce fait incroyable qu'il faut maintenir et approfondir un modèle en crise, le néolibéralisme doit revenir à son principe premier, qui lui avait permis de s'imposer il y a cinq décennies : la mise au pas de la société par le bas – dans les entreprises, les services de recherche d'emploi, le rapport des usagers aux services publics, des fournisseurs aux donneurs d'ordre, des employés aux DRH, des clients aux « travailleurs indépendants »… Partout, il faut que cette violence directe et indirecte, de la mise en concurrence permanente et de la marchandisation de tout, se diffuse. Le procès des suicides survenus à France Télécom (19 suicides entre 2008 et 2009, selon la justice) a rappelé en mai et juin 2019 cette violence quotidienne. Il est la face visible des victimes répétées de la brutalité du management néolibéral. Et, pour que cette violence puisse s'exercer, il faut qu'elle puisse être permise, tolérée ou suggérée. C'est ici que les « réformes structurelles » prennent tout leur sens. Et c'est pourquoi l'État doit demeurer néolibéral, coûte que coûte.

Face aux doutes des sociétés, face à son échec patent, la question démocratique, question permanente du néolibéralisme, est plus que jamais posée. Pour survivre, le paradigme néolibéral a besoin que l'État ignore les citoyens et les oppositions. Il doit trouver le moyen que son existence et son développement ne soient pas freinés par la volonté des populations.

Il agit de plusieurs manières. Dans l'humiliation grecque de juillet 2015, la violence a été directe. Ailleurs, les régimes néolibéraux tels la Hongrie de Viktor Orbán ou l'Italie de Matteo Salvini préfèrent focaliser l'attention de l'opinion sur les minorités, la nation ou la « défense de l'Occident chrétien contre les migrants », tout en poursuivant la transformation néolibérale de leur pays. En Hongrie, le capital national a été farouchement défendu et les droits du travail bradés. En Italie, le « revenu universel » adopté en

2018 a été présenté par le vice-président du Conseil Luigi di Maio, du Mouvement 5 Étoiles, allié à la Ligue de Matteo Salvini, comme un « Hartz IV à l'italienne ». Pendant que l'on s'empoigne sur les frontières ou la défense de la nation, pendant que l'on se mure contre les migrants à grands coups de communication, on procède à la déconstruction des droits du travail. Les restrictions plus ou moins sévères des droits de l'opposition n'ont alors d'autre fonction que de maintenir le débat dans ces étroites limites. On l'oublie souvent, mais il existe des pensées néolibérales « nationales », de l'ordolibéralisme allemand[1] à l'école de Chicago, qui ne sortait guère des limites des États-Unis, en passant par les expériences de plusieurs pays émergents.

L'économiste états-unien d'origine turque Dani Rodrik[2] signalait une « double menace sur la démocratie libérale » : d'un côté, les « démocraties illibérales », de l'autre les « libéralismes autoritaires » qui placent les droits du capital avant tous les autres. Dans les deux cas, c'est bien le néolibéralisme à l'agonie qu'il s'agit de sauver d'une crise profonde par un retour à l'autorité, au pouvoir fort et à la violence d'État. Les événements récents en France semblent traduire cette même dynamique, avec un chemin tout tracé vers la seconde option.

Mais le cas français est particulier. La France s'était moins avancée dans le néolibéralisme que beaucoup d'autres États. Elle résistait, à sa façon. Cette résistance est devenue impensable alors que le paradigme était en

---

1 Le parti d'extrême droite allemand AfD a été fondé en 2013 par un professeur d'économie de Hambourg, Bernd Lucke, qui voulait redonner à l'Allemagne le sens originel de l'« économie sociale de marché », pervertie selon lui par l'euro. L'AfD est devenu xénophobe depuis, et Bernd Lucke a quitté le parti, mais ce dernier a gardé ce programme économique.

2 Dani RODRIK, *La Démocratie libérale face à une double menace*, Project Syndicate, 13 février 2018.

crise profonde. Il fallait donc faire entrer la France, bon gré mal gré, dans ce système moribond. Les partisans du néolibéralisme se sont radicalisés et, depuis 2017, ils sont au pouvoir. Les Français ne se sont pas convertis pour autant à un paradigme qui, partout, et dans le pays même, montre des signes d'épuisement. Parvenu au pouvoir grâce à une alliance de circonstance, avec une partie des opposants au néolibéralisme pour empêcher l'extrême droite d'accéder au pouvoir, Emmanuel Macron a estimé que son élection signifiait adhésion à ses idées. Mais, pour transformer cette illusion légale en réalité et réaliser son rêve de « transformation néolibérale », il lui faut davantage que gagner des élections : il lui faut mener un combat culturel et faire accepter aux Français une marchandisation et une individualisation croissantes de la vie sociale, ainsi que l'abandon progressif des systèmes de solidarité et de protection mis en place depuis 1945. Dans ce projet de démolition de l'État social français, il faut passer en force et sans relâche contre le corps social français. Et, comme le jeu démocratique ne peut plus régler ce genre de conflit, c'est ailleurs qu'il se règle.

C'est cette réalité que traduit le mouvement des Gilets jaunes. Ce mouvement a surpris tous les observateurs qui ne pensaient guère que, du fond de la société française, pouvaient surgir ces nouvelles formes de résistance. Nul ne pensait qu'une simple taxe sur les carburants pouvait entraîner une telle réaction, six mois de mobilisations et des scènes de violence affichées chaque samedi devant le pays. Nul ne sait si de nouveaux mouvements aussi inattendus et atypiques sont encore possibles. Mais son caractère désordonné, épars, souvent confus, apolitique et spontané révèle un rejet de la politique néolibérale qui est de l'ordre du réflexe. Ces réflexes peuvent resurgir, n'importe quand, n'importe où. Mais la réponse du pouvoir sera toujours la même : celle d'un durcissement du ton et de l'usage maximal des pouvoirs que lui confère la Ve République. Pour s'imposer, le néolibéralisme français devra devenir de plus en plus autoritaire.

Il est difficile de savoir comment le pays pourra sortir d'une telle impasse. Macron tente de gagner du temps, persuadé qu'une fois les réformes établies, le combat culturel sera gagné et qu'il pourra aller encore plus loin. Pour cela, il utilise des nouvelles stratégies, comme le recours massif aux baisses d'impôts pour les classes moyennes supérieures ou à la volonté de « verdir » son action en axant sa communication sur des actes symboliques contre la crise écologique, comme la création du « conseil de défense écologique ». En outre, il ne faut pas écarter l'idée que la victoire culturelle du néolibéralisme tardif est en cours. Le mouvement des Gilets jaunes montre également les effets de cinq ans de discours néolibéral empêchant d'envisager la lutte entre termes de rapports sociaux entre le capital et le travail : ce serait à l'État de régler leurs problèmes, et ce dernier les réglera à sa façon, c'est-à-dire par davantage de néolibéralisme.

En outre, le néolibéralisme français dispose d'une garantie solide : l'extrême droite à laquelle s'est ralliée une grande partie des ouvriers et des classes populaires et que la majorité de la population ne veut à aucun prix voir arriver au pouvoir. Ce duel entre néolibéraux et extrême droite, largement mis en scène par les premiers sous l'apparence d'une opposition entre « progressistes » et « nationalistes », est bien peu représentatif de l'opinion. Le 26 mai 2019, LREM et le RN ne sont pas parvenus à mobiliser autour de leurs listes européennes la moitié des suffrages exprimés (46 %), soit le quart des inscrits. Mais tant qu'une troisième force ne sera pas capable de venir troubler le jeu et de s'immiscer dans ce duel, les néolibéraux sont certains de rester durablement au pouvoir en se présentant comme les derniers défenseurs de la liberté. Une liberté certes *a minima*, une liberté de pacotille encadrée par la police antiémeute, mais qui serait, pour beaucoup, « mieux » que pas de liberté du tout. Aussi les partisans d'Emmanuel Macron peuvent-ils s'imaginer gagner leur pari pour peu que, en utilisant toute la latitude de leur autorité, ils réduisent le débat et imposent leur « vérité ».

C'est un pari risqué. D'abord parce qu'il n'est pas certain que le combat culturel soit gagné. Emmanuel Macron s'attaque à un socle solide, historiquement établi et rationnellement étayé, au sein de la population. Les résistances pourraient se renforcer plus que s'affaiblir en réaction aux conséquences inévitables des réformes : inégalités criantes, manque de moyens des services publics, notamment dans le domaine de la santé où la situation est déjà critique, dégradation de l'éducation, pressions quotidiennes des relations de travail, développement de la pauvreté des plus âgés. Les protestations pourraient se faire plus fortes, entraînant un durcissement accru du régime et une fuite en avant. Car il ne faut pas oublier que le projet néolibéral ne s'arrêtera pas avec les réformes de l'assurance chômage et de la retraite. Le propre même des réformes, c'est qu'elles sont toujours inachevées et que la mise en place de l'une en appelle toujours une autre. C'est encore plus vrai de la France, où le travail de détricotage est immense et l'écart de compétitivité avec l'Allemagne béant. Face à cette destruction programmée du modèle français, le corps social pourrait réagir avec vigueur hors du champ démocratique. Le mouvement des Gilets jaunes a montré combien l'explosion sociale peut prendre des formes inattendues. Or, on l'a dit, la seule réponse de ce pouvoir sera la violence et l'autorité. Le risque d'une spirale, qu'auraient annoncée ces six mois de mouvement de Gilets jaunes, devient une possibilité. Ce scénario serait celui d'une guerre sociale à outrance.

L'autre danger serait que l'assurance-vie du macronisme se retourne contre lui. À mesure que se déploie la violence de la politique néolibérale, l'alliance avec l'extrême centre peut devenir de plus en plus problématique, tandis qu'une partie des opposants à Emmanuel Macron, notamment de droite conservatrice, pourraient prendre au mot la mise en scène de l'opposition Macron-Le Pen et rejoindre la seconde. C'est le risque du chantage permanent au fascisme des néolibéraux. Le basculement dans un régime nationaliste de droite, hautement dangereux dans le cadre de la Ve République, ne peut être entièrement écarté. À une radicalisation répondrait une autre dans les urnes. L'issue serait inévitablement dramatique et conduirait là aussi à une montée des tensions et de la violence d'État. Fort heureusement, ce scénario reste en ce milieu d'année 2019 peu probable, tant le rejet de l'extrême droite est historiquement ancré dans le pays, y compris en surtout parmi ceux qui rejettent le néolibéralisme. Les bases électorales de LREM et du RN ne se modifient guère, et ce dernier n'a pas massivement profité du rejet d'Emmanuel Macron.

Il existe cependant une autre option pour l'extrême droite, celle d'une évolution à la brésilienne, où une partie des forces sociales néolibérales feraient alliance avec les forces xénophobes. Ainsi, même en cas de défaite de l'extrême centre, la mainmise du capital sur l'État resterait assurée. On pourrait alors essayer de rééditer la formule tentée par Nicolas Sarkozy en 2007, mais, compte tenu de la dissolution de la droite traditionnelle, l'extrême droite mènerait cette fois cette alliance avec un discours social largement noyé dans un discours xénophobe assorti d'une politique néolibérale radicale. En 2018, c'est cette option qui a porté Jair Bolsonaro au pouvoir. Et c'est une option qui pourrait séduire une partie des classes dirigeantes françaises, comme le montre l'invitation, finalement annulée, de Marion Maréchal-Le Pen, incarnation de cette configuration politique, à l'université d'été du Medef en août 2019. À l'image de Jair Bolsonaro qui avait été l'invité du World Economic Forum de Davos au mois de janvier. Là encore, l'option paraît électoralement fragile, mais elle ne peut entièrement être écartée pour l'avenir.

Quelle que soit l'option, le durcissement du régime de la Ve république sera à l'ordre du jour avec un risque d'aggravation en régime discriminatoire et ouvertement autoritaire en cas de victoire du RN. *In fine*, le néolibéralisme, dont on aura compris qu'il est la forme sous-jacente de cette violence, serait, dans les deux cas, triomphant. Les piliers de la politique économique et sociale resteraient les mêmes : la garantie donnée au capital face au travail. Alors, comme le notent Pierre Dardot et Christian Laval, le néolibéralisme se sera « nourri des réactions négatives qu'il provoque sur le plan politique », il se sera « renforcé par l'hostilité même qu'il suscite »[3].

Mais la messe n'est pas dite. Reste une dernière hypothèse, la seule capable d'éviter la violence d'État et celle, quotidienne, du capitalisme néolibéral. Elle réside dans la construction d'une alternative crédible et puissante au néolibéralisme. Elle paraît lointaine, car il manque ces idées disponibles qui permettraient, si l'on suit Kuhn, de changer de paradigme. Cela semble particulièrement vrai en France, où la gauche est atomisée et peine à trouver des solutions convaincantes. Mais les lignes bougent et rien n'est perdu. À la différence de l'Italie, par exemple, il existe encore une gauche en France qui peut revendiquer une opposition au néolibéralisme. Par ailleurs, la vie intellectuelle avance et la science économique commence à réfléchir sérieuse-

3 Pierre Dardot et Christian Laval, *Anatomie du nouveau libéralisme*, Contretemps, n° 41, avril 2019.

ment à l'après-néolibéralisme. Aux États-Unis, les succès de Bernie Sanders se sont appuyés sur des pensées alternatives, comme la Théorie monétaire moderne (MMT), déjà évoquée et portée par les économistes Stéphanie Kelton et Pavlina Tcherneva. D'autres économistes, moins radicaux, tel le « prix Nobel » Joseph Stiglitz, réfléchissent à la construction d'un « capitalisme progressiste » fondé sur l'équilibre entre le travail et le capital[4] et sur la fin du chantage continu que le capital, par la croissance et l'emploi, impose à l'État. Dani Rodrik, Saresh Naidu et Gabriel Zucman se sont aussi engagés dans cette voie[5] en appelant à en finir avec le « fétichisme du marché ». Si cette réflexion s'enrichit d'une relecture contemporaine de Marx, Keynes, Polanyi et de tant d'autres, si elle finit par se nourrir des autres formes de pensée alternative, comme le revenu universel (s'il n'est pas le prétexte pour détruire l'État social), la garantie de l'emploi ou les nouvelles formes de coopération et de socialisation de l'économie, plutôt que de chercher à s'en démarquer, alors un « consensus concurrent » au néolibéralisme pourra se constituer. Une alternative qui permettrait d'apaiser et de rééquilibrer radicalement les relations entre travail et capital. Les néolibéraux ne pourraient plus se prévaloir de la vérité et cela pourrait tout changer pour faire basculer les hésitants, les abstentionnistes et la bourgeoisie intellectuelle modérée. C'est de ce travail intellectuel que naîtra un nouveau paradigme capable de remplacer le néolibéralisme moribond.

Évidemment, rien ne pourra seulement surgir d'un travail intellectuel ou d'une avant-garde brillante, mais isolée. Au contraire, le travail intellectuel ne se construira que parce que les luttes en apparence perdues ou ponctuelles

4 Joseph STIGLITZ, *Après le néolibéralisme*, Project Syndicate, 30 mai 2019.
5 *Op. cit.*

feront naître le besoin et même l'exigence d'une alternative. De ce point de vue, quelques initiatives du mouvement des Gilets jaunes, comme celle de Commercy, ouvrent une voie. Puis il faudra que ceux qui subissent chaque jour la violence directe et indirecte du néolibéralisme et de son État se saisissent de cette alternative et la transforment en une pratique concrète, par les luttes sociales, politiques et environnementales. Tout cela demandera d'en finir avec la culture de l'individualisme étroit qu'a construit le néolibéralisme en le faisant passer pour du « bon sens » et de la « nature humaine ». Il faudra fonder un nouveau bon sens fait de solidarités et prouver qu'il existe. Pour défier réellement le néolibéralisme, il faudra qu'une nouvelle base sociale suffisamment large se reconnaisse dans son alternative, et qu'elle permette l'organisation du camp du travail face aux excès du capital.

Dans ce mouvement, deux forces formidables sont actuellement en jeu pour permettre de construire cette alternative. La première est l'urgence écologique qui réclame une action forte et rapide et exige désormais de chaque citoyen qu'il réponde à cette question simple : la concurrence néolibérale, même « dirigée » par les incitations fiscales, permet-elle d'éviter la dégradation de la situation ? Si la réponse est négative, et elle l'est assurément, alors il sera indispensable de construire une alternative si l'on veut éviter que le scénario du suicide écologique vienne s'ajouter à la guerre sociale. La seconde force est le rejet de cet autoritarisme qui vient se nicher au cœur de la démocratie pour sauver les intérêts d'une classe particulière. Il invite ce qu'on appelle la « gauche », mais pas seulement, à réinvestir le concept de liberté. Quand le néolibéralisme maltraite autant la liberté, sa défense ne peut revenir qu'à ceux qui combattent ce mode de fonctionnement. Ceci demande sans doute à s'interroger sur ce concept et à en définir les limites et les possibilités dans une société soucieuse du bien commun, de l'égalité et de l'écologie. Mais distinguer la liberté du bon plaisir de celui qui peut payer, construire une liberté qui s'inscrive dans la coopération plutôt que dans la compétition, s'attacher à défendre les libertés fondamentales, celles de la presse, de manifestation, de travailler et de vivre : voilà des tâches urgentes et nobles. Elles ne sont pas impossibles à ceux qui combattent du côté du travail : cela a été même le camp dans lequel ils se sont trouvés pendant des siècles.

En décembre, Olivier Blanchard, un des fondateurs du consensus néolibéral et un de ceux qui tentent aujourd'hui de le réformer, s'interrogeait sur Twitter sur l'impossible face-à-face entre la demande populaire d'égalité et l'incapacité des gouvernants d'y répondre. « Qu'adviendra-t-il après le capitalisme ? » Cette angoisse est parlante : elle décrit cette identité entre néolibéralisme, capitalisme et, d'une certaine façon, civilisation qui est établie depuis des décennies. Le moment est venu de dépasser cette crainte et de répondre à cette question par la construction d'un autre système économique, plus humain et plus écologique. Pour éviter la guerre sociale à outrance et la catastrophe écologique annoncée, il faut en finir avec la crainte de l'inconnu. Il n'y a rien d'autre à perdre que le désastre, mais il y a un monde à gagner.

Paris-Wuppertal, avril-juin 2019

Table

CPI
FIRMIN-DIDOT
27650 Mesnil-sur-l'Estrée

Composition Facompo, Lisieux.
Achevé d'imprimer par CPI Firmin Didot
à Mesnil-sur-l'Estrée en août 2019.
Dépôt légal : septembre 2019
Numéro d'imprimeur : 154507
Imprimé en France